U0010254

你可以敏感，但不要被敏感控制

在生活中找到駕馭自己，增加能力的高敏感族練習題

臨床心理師
愛曼達・卡熙兒博士
AMANDA CASSIL, PHD——著

梁若瑜——譯

The Empowered Highly
Sensitive Person

A WORKBOOK to Harness Your Strengths in Every Part of Life

【推薦】高敏感不是小心眼，是恩寵

作家／**高愛倫**

上一次做練習題是三年前在社區的和散那教會，老師導引的訓練主題是「如何表達愛——把愛說出來」，很謝謝在這方面一直保持負分的先生願意全程參與聽講寫，但是當時的有效，不意味未來能保持成效，所以任何事情只有重複透過溫故知新，才能從不斷學習中完成內化質地。

「高敏感族」是我第一次接觸的名詞，但這已經是維持二十年的學術研究，正式名稱「感官處理敏銳度」，更易於讓人理解所觸探的思維主旋律。

速讀幾頁後，發現解析結構的習題很多，我就性急地不再依順序閱讀，搶先進行「高敏感族自我檢測量表」，我是一個很喜歡做檢測量表的人，這無疑就是敏感族的特質。

在四十八題問卷之後的解答是：六十分以上表示可能是高敏感族。而我，是七十分。

高敏感和基因有關，而且是經過核磁共振攝影掃敏證實的，高敏感的大腦，對聲音、互動經歷、情緒波動較一般人強烈。比較可怕的是簡稱HSP的高敏感族與血清素運送基因有相當程度的關聯，所以與情緒憂鬱的心理狀態是近親。

我在閱讀《你可以敏感，但不要被敏感控制》時，覺得占世界人口比例五分之一的他們，真的常常盤旋在我們身邊，像那些比較龜毛的、有點神經兮兮的、實在很難搞的、平白無故就陷入心理壓力的……大概都能透過檢測量表參考自己是不是同族類，當然，我已確定我就是其中之一。

感謝大田出版讓我優先看了《你可以敏感，但不要被敏感控制》這本書，如果不是經過預讀的了解，我因完全不懂「高敏感族」的領域，從而對人生、人格、

人性上所產生的特殊性，欠缺應有的知識，很可能會錯過這本書，也錯過改造我對自己很不以為然的部分固執；如重複相同議題的緊張，我能分辨的是責任感的驅使而非控制慾的霸道。

看完很多優勢與弱勢實證分析後，我比對優弱特質相當兩極，只有了解自己的可能成因，才能看懂個人的堅持究竟是自信還是自大。也唯有這樣的自知，才有機會反轉與解密人際困擾、職場困擾、情感困擾……並調整帶來這些困擾的因果順序。

初讀「高敏感不是病，也不是缺點，是天賦的禮物」這樣統一結論時，覺得這很像是安慰性的說法，但是當「高敏感族的力量」可以被提煉出「增強法」時，我改變偏見，相信這樣的法則論點，是贊同高敏感居於優秀！至於我用較多的角度把高敏感形容得較吹毛求疵，目的是提醒與反省自己，只有閱讀全書，讀者才會知道你的高敏感不是小心眼，而是多大的恩寵；創意人、藝術家、商務行銷、健康管理最多此類型。

明白「個性醫學」的價值，反而希望自己敏感指數再高一點。也切記：敏感優勢必須脫離敏感控制才能讓敏感情緒從優發揮。

關於高愛倫 ────────────────────────────────────

歷任《公論報》副總編輯、《大成報》總編輯、《民生報》總監、《星報》總編輯，近期著有《此刻最美好》（三采出版）《我微笑，但不一定快樂》（聯經出版）

給高敏感族一本重新認識自我
的人生補充教材

敏感從來都不是種過錯

　　「你太敏感了！」你也曾在脆弱萬分的時候被這句話擊傷過嗎？總是特別敏感，常常覺得自己就像是易碎的玻璃製品，看起來是那麼地堅固，卻時常因為不經意的碰撞而有了裂痕，我們都是這樣的，這麼敏感、這麼易碎。

　　你是這樣的高敏感族群嗎？你瞭解這樣的自己嗎？敏感從來都不是種過錯。敏感跟情緒一樣只是一種狀態，我們可以敏感，但都不要被敏感控制了，理解這樣的自己、愛著這樣的自己，當自己唯一的主人吧。

——網路作家／忘遇珍

學會享受高敏感的好處

　　感謝有這樣一本書存在，讓高敏感族的我們學會如何與自己、與社會共處。書中各種務實的方法，讓我們在處理不同人生面向時，能夠享受高敏感的好處，同時又能照顧自己的需求。

——暢銷心靈作家／柚子甜

高敏感是種超能力

　　哇嗚————————！歡迎來到教你控制、善用自己超能力「高敏感」的世界。有被說過「你就是太敏感了！」「想太多啦～」的經驗嗎？或是容易對環境

中過多的訊息、對路人的情緒、對生活中的細節，讓你想嘶吼「我受不了啦～！」

快──────────！進入這一本書的世界，簡單清楚地認識自己，一個步驟一個步驟，教你如何控制這些超能力。

——心理學YouTuber／**一郎人生**

這本書像專業收納師

高敏感人需要的不只有了解自己的益友，更需要提供具體建議的生活教練，書中的內容、步驟與整理表格，就像專業收納師一樣，將高敏接收器的訊息，整理成珍貴豐富的資料庫。

——親職溝通作家與講師／**羅怡君**

這本書說出我的各種心境

從小到大時常覺得自己與世界格格不入，好像這個世界總是更偏愛那些善於聊天與社交的人們，長大之後才認識到「高敏感族」這個概念，這本書將我成長經歷中遇到的各種心境整理出來，用科學化及系統的方式讓讀者循序漸進地認識自己，我想這本書會非常適合每個覺得自己格格不入的你們。

——街頭故事創辦人／**李白**

(依照來稿順序)

獻給我的伴侶、我最好的朋友，
也最力挺我的班恩。
是你讓我變成更好的我。
謝謝你。

目 錄

序

　　或許你經常感到筋疲力盡，常被別人形容成「神經質」。做家事可能令你感到很吃力，或覺得自己出奇容易因為工作而感到虛脫。一天下來，和同事互動的種種過程，可能使你深深懷疑自己，並常有想哭的感覺。就算老闆給了你正面的評語，你也仍感到困惑，彷彿你哪裡做錯了似的。到了下半天，你可能常覺得難以集中注意力或保持思路清晰，或壓力一大就開始頭痛。一天當中，你最喜歡的時光，很可能是能獨處的那三十分鐘休息時間，能自己靜靜待在一個幽暗的空間。「我到底哪裡做錯了？」你忍不住納悶。「別人似乎不會像我這麼吃力。」

　　在一個令人不堪負荷的世界裡吃力求生存，並認定自己有哪裡「做錯了」，對於身為高敏感族的你來說，有可能是你最常遇到的體驗世界的方式。幸好，事情並不是這樣的。脈絡和知識，可以讓你體驗這個世界的方式澈底改變。

　　我第一次聽說「高敏感族」一詞，是十多年，我在加州理工學院住院實習的時候。身為高敏感族，或者說身為一個高度敏感的人，我沒想過這種特質居然有個專有名詞，而且居然還是相當大一部分人口的常態經驗。當時，關於這個主題的資訊很有限，幾乎主要都來自伊蓮‧艾融（Elaine N. Aron）博士。艾融博士是一位心理學家，於一九九一年開始研究高敏感特質，並出版了《高敏感族自在心法》（1996）一書。自從得知了這個特質後，我便持續追蹤關於高敏感族陸續發表的研究，也私下進行相關學習，因為來我診所的病人大多都是高敏感族。

　　身為執業的臨床心理師，我常治療女性和理工領域（科學、科技、工程和數學）的弱勢少數族群。我曾有幸協助病人了解高敏感的特質，並以這個特質為墊腳石，把它化為幫助他們邁向成功的關鍵因素。我初次見到高敏感病人時，他們由於在理工領域的高壓環境裡工作，多半都正在經歷著某種形式的憂鬱或焦慮。隨著時間，隨著一次次的療程，他們漸漸能揮灑自己，活得越來越精采。這通常伴隨著自

信心提升了、肢體語言變化了、人際關係豐富了，而且生活品質也增進了。這並不表示情況就變得更輕鬆，但在人生遇上無可避免的挑戰時，這些高敏感族從此手上有更多可使用的工具了。

這本書的內容主要參考學術論文，以及我身為心理治療師一路以來關於高敏感族一些固定主題的觀察。書中的各種小練習，來自我每天都會提供給病人的問題和習作。有些對你有用，有些對你沒用，沒用也沒關係。你自己試用時，可以自行決定要採用哪些部分，然後納入常規使用，好讓你也能開始揮灑自己，活得越來越精采。

如何使用這本練習題

　　某些常見經驗深深影響著高敏感族，這本書就是設計來讓你對這些常見經驗有個整體的概念。每一章都會探討一些固定主題，如「過去的經驗」和「常見的挑戰」。小練習會綜合「回顧過去」、「評估現在」和「規劃未來」。歡迎你從頭到尾順著閱讀，也歡迎依你的需求和興趣隨意跳著翻閱。由於習作書本質的關係，每個篇章總有一定的局限而無法包羅萬象，因此在書末提供了一系列資源，好讓你在闔上這本書後仍可繼續探索。

　　在閱讀這本書的同時，有幾件事請務必切記。首先，每一位高敏感族的經驗都是獨一無二的。假如書中有什麼內容讓你覺得沒有共鳴，並不代表你的經驗就該被否定。概括的分類有助於了解群體，但有可能忽略了個體的細微差異。最合適的方法，是請你對你一直以來對自己經歷所累積的了解抱持信心，並繼續研讀其他作者的文章，廣覽更多元的觀點。

　　其次，只要是進行有關過去經驗的練習，都有觸發或加重心理症狀的風險。假如發現你因為書中的任何小練習而受到觸發，請務必就近向專業人士尋求協助。許多治療師都將非常樂意協助你，讓你在進行書中這類自我成長小練習的旅途上變得更輕鬆。

　　最後，書中的小練習大多是可以反覆重溫的。

　　不妨大略翻閱一下，先瀏覽書中的一些小練習，看看怎樣的方式會讓你最受用。有些人偏好寫札記、寫在電腦或手機裡，或把小練習影印起來。最重要的是要以對你而言最有意義且最有用的方式投入這本習作書。

　　這可能不是能夠很快優游完畢的一本書。請在各個小練習之間多給自己一點時間、慢慢消化資訊，並反覆回顧先前的小練習。逐漸認識自己，其實很像是逐漸認識一位朋友。會很好玩、很令人興奮，也很累人，而且牽涉到波濤洶湧而來的新

資訊，有時候會需要再三反芻。你將會把這新得到的資訊，拿來和已累積的舊經驗進行對話，這將是一場永遠都在進化中的交談。這是一段流體般的動態歷程，永遠沒有終結完成的時候——而這樣是一件很美的事。

1

高 敏 感 族

「高敏感族」一詞，不論你是頭一次聽到，還是自從它二十多年前問世以來，你就已經很熟悉，本章都將概括介紹一下，身為高敏感族是什麼感覺。透過這整本習作書，你將認識高敏感族生活中，在家庭、人際關係、工作、健康，和社會環境等面向上的常見挑戰和獨特優勢。

這本書有可能是一趟令人興奮的探索之旅，也可能使人十分忐忑緊張；最有可能是兩者都有一點吧。在探索這項特質的過程中，請給自己充分空間去回應任何可能浮現的情緒。發掘自我和洞察的歷程，從來就不是直截了當或順暢無礙的。假如是讓你有共鳴的資訊，就採納、消化一下，然後併入你對你自己的了解。至於沒有共鳴的資訊，請安心放手吧。

怎樣算是高敏感族？

　　高敏感的特質，一共結合了四個原則：處理資訊的深度更強、傾向於更容易受到過度刺激、情緒強度的程度更高，以及相較於非高敏感族，由於感官較敏銳，因此對環境細微因子的意識度更高（Aron, 2010）。這各項原則都將在接下來的章節更深入探討，並搭配相關小練習，以幫助你評估和回應在你生活中出現的這些原則。

處理資訊的深度

　　高敏感族是思考得很深的人。他們因此很善於周延全面地做通盤考量，或很跟得上趨勢潮流、世界上的重大事件、人生的意義，和生活經驗的各種脈絡層次。深思有可能讓高敏感族在做決定或下定論時，速度比較慢一點。這種特質顯化的方式，也可能是具有高度的責任心、能察覺他人的狀態、能覺知長期的因果關係、高程度的洞察力，以及需要時間反思。

　　已有研究顯示，大腦中涉及認知、感官處理、注意力和情緒資訊處理的構造，在活躍的時候，和高敏感特質兩者之間是有關聯性的（Greven et al., 2019）。這些關於大腦的研究，以及一份具參考價值的基因相關指數，指向高敏感特質有其潛在的生理依據。高敏感族從周遭環境吸收資訊時，他們是對這些資訊進行澈底消化，這從大腦測量到的活躍程度即可獲得印證。但這種深度的資訊處理方式，儘管非常可貴，卻可能十分費力，並導致高敏感族覺得自己受到過度刺激了。

易於受到過度刺激

　　除了腦部活動更活躍之外，高敏感族的反應時間更長、大腦中提供高層級視覺處理的結構更活躍，且大腦中處理感官統合和意識的構造也更活躍（Greven et al., 2019）。這表示從五官接收到的資訊，對高敏感族的衝擊更為強烈，因此可能導致他們受到過度刺激（Aron, 2010）。這種過度刺激的成因可能是高強度的刺激（例如一聲巨響或一陣強烈氣味）或長時間的低強度刺激（例如背景聲音的細微滴答聲）。

假如身為高敏感族卻欠缺妥善的應對策略，過度刺激可能導致慢性壓力、焦慮，和迴避行為。如果管理得宜，高度的刺激可讓高敏感族充分攝入和享受生活中美好的部分，譬如精美的食物、細緻的香氣，或大自然之美，並在藝術或科學這類需要深度處理的領域發光發熱。

情緒強度

相較於非高敏感族，高敏感族不論對正面或負面情緒經驗的情緒反應都更為強烈（Aron, 2010）。較強烈的情緒反應，看起來或許可以是因為喜悅、感激或如釋重負而激動落淚。另一方面，高敏感族比較容易因為暴力的電視節目、社會的不公不義，或粗暴無禮，而受到負面衝擊。高敏感族也比較能察覺到別人的情緒，並因此受到影響。高敏感族有可能像海綿，時時吸收著來自於其他人的正面或負面心情。

比起非高敏感族，高敏感族往往需要明顯更長的時間，來「走出」人際上的事情，或消化重大的人生事件（不論是正面或負面的事件）。研究顯示，高敏感族大腦中處理情緒和同理的結構較為活躍（Greven et al., 2019）。大腦的這項活動較活躍，代表著高敏感族經常高度意識到別人的情緒狀態，也可能有人把這稱為「直覺」。高敏感族有時候比對方本身更能分辨出對方的情緒狀態。

感官敏銳度和環境細微因子

高敏感族敏銳的感官，可讓他們對自己環境中的細微變化有高度知覺力。比起感官器官本身，這種知覺力更來自於大腦處理感官訊息的方式（Aron, 2010）。

換句話說，假如一位高敏感的人，注意到某種材質摸起來粗粗的，那不是因為他的手指特別敏銳，而是因為他的大腦結構，是以更深度的方式，在處理由手指所傳遞進來的資訊。

　　感官敏銳度和對細微因子的覺察，兩者互有關聯性，這個論點也在研究中獲得了支持。比起偵測到重大變化，高敏感族在偵測到細微變化時，大腦的神經元活動更為活躍（Greven et al., 2019）。高敏感族可能可以察覺到一些細微的差異，而且是其他人認為不可能或不太可能的事情，例如察覺到溫度上一至兩度的變化。

> 這本書無法一一詳列科學研究的所有發現，但有興趣的人，如果想對這個領域有個通盤的概念，可參閱兩部讓人受益良多之著作的參考文獻，包括艾融博士2010年出版的《高敏感族與心理治療》（Psychotherapy and the Highly Sensitive Person）的「附錄」章節，以及葛瑞文等人（Greven et al.）的一篇重要參考文獻（2019）。自行查閱學術論文時，請記得，「高敏感族」在學術研究上的正式名稱為「感官處理敏銳度」（sensory processing sensitivity，簡稱SPS）。

1. 譯註：作者相當重視性別平權，在書中原文一律以中性的「them」作為單數第三人稱的性別代名詞。礙於中文目前尚無對應的譯詞，中譯暫且都先譯作「他」，但實為中性的意涵，在接下來的內容中也都是如此，在此特別說明。

高敏感族vs.內向人、外向人，和共感人

　　社交情境可能會令高敏感族感到不堪負荷，因為他們要持續處理大量的訊息：譬如別人的情緒、極細微的表情、言外之意，和所處環境中的脈絡線索等等。在刺激過度的社交情境中，高敏感族經常會將應對機制派上用場，譬如退居第二線靜靜觀察、提早告退，和事後再解壓縮。這類行為有可能被誤認為成個性內向，但兩者其實是截然不同的特質。

　　內向和外向，依照廣為使用的麥布二氏人格類型指標的定義，指的是一個人偏好在心理上發洩和獲得能量的方向。內向人可能也很享受晚上出門和朋友聚會，但會因此而感到疲憊不已。他們獲得能量的方式，往往是透過自己一個人單獨的活動，投入一些省思發想，發想時偶爾有一、兩位知心好友作伴。另一方面，外向人呢，可能也很享受晚上在家裡閱讀一本好書，但會感到蠢蠢欲動，很想出門和人互動。而儘管很多高敏感族認為自己屬於內向人（大約有百分之七十的高敏感族這麼認為；Aron, 2010），高敏感的特質和內向／外向的分類，其實各源自不同的測量依據。再說一次，高敏感族的感官敏銳度看的是處理資訊的方式，而內向／外向則是看一個人把注意力放在哪裡，和從哪裡汲取能量。

　　有個詞經常被拿來和「高敏感族」互相通用，那就是「共感人」（empath）。高敏感族的一個關鍵指標，是他們很能鮮明感受到情緒，也很能覺知別人的情緒感受。對某些人來說，「高敏感族」和「共感人」這兩個詞是可互相通用的，某些人則會賦予共感人多一分心靈層面的意涵，還有些人則視共感人為高敏感族的一個分支，認為共感人所經驗到的高敏感特質，程度上比其他高敏感族更來得深層。假如某人使用了「共感人」一詞，不妨請對方進一步闡明他所指的意思為何。截至目前為止，還沒有學術單位對這個概念進行研究。

　　高敏感族形形色色的人都有，而且每個人對社交場合的體驗也各有不同。多問問自己，有哪些事情能帶給你能量、有哪些事情令你疲憊不已、有哪些事情使你緊張，又有哪些事情讓你感到滿足，這將可幫助你釐清哪些分類法最有利於你向別人說明你的喜好和需求。這也能幫助你提前做規劃，打造實用的應對技能，遇到可能會榨乾你的社交情境時，就能派上用場。

高敏感族與社會

任何社會中的文化榜樣都對高敏感族有相當的影響。身為高敏感族，你可能還記得，曾經某次覺得自己的技巧和能力被看低了，因為另一個似乎比較不敏感、比較不忠於自己，而且更開朗的人，被認為是更適合從事某項任務。蘇珊・坎恩（2012）在探討美國企業精神的外向人歷史時，對這種情形曾舉過一個很有幫助的例子。她認為這和企業界團隊工作的方式及注重演講技能的風氣有關，人可能會接收到各種暗示性和明示性的相關訊息。坎恩坦言，儘管這些技能有時很有幫助，但優先注重它們，往往會造成工作場合上的其他技能受到排擠。但被鼓勵要表現得外向，因而引起內心壓力，這種情形還不只限於職場上。文化榜樣的形成，還有很多其他因素。以下是一些可能對高敏感族構成挑戰的例子：

- 高密度的城市（例如紐約市、北京、孟買）
- 高音量的場合（例如演唱會、派對、夜店）
- 對名氣和影響力的注重（例如認為公開演說或表演，比教學更有價值）
- 因為必須要做種種決定，所導致的疲倦（例如雜貨店裡有太多選項）
- 社交期待（例如在大學的時候，被期待要熬夜、要飲用大量酒精和咖啡因，並要忍受吵鬧的宿舍）
- 讚賞忙碌的狀態（例如稱讚因為太認真工作而睡眠不足的人）
- 性別相關的訊息（例如「男兒有淚不輕彈」）

在你的文化中，社會所重視的事，不一定是最適合你的事，這樣可能會帶來緊張的感覺，你還能想到其他例子嗎？

這本書的目標，並不是要「治療」你、讓你變得不再高敏感，而是要協助你學會調適高敏感的特質。不論任何技能或特質，在學會善用它以前，都要先精確評

估它的各種好處和壞處，讓你在資訊充足的情況下做決定和繼續往前走。這個過程中，無可避免會引起挫折、悲傷和失望的感覺——這些情緒經常是成長過程中的必然。在你哀悼並放下你所沒有（和無法擁有）之事物的同時，這麼做也可望騰出空間，讓你更珍惜自己已經擁有的事物。這本書中的各種小練習，是希望能在評估、哀悼，和擁抱你的特質三者之間取得平衡，並讓你的人生越來越精采。

在你覺得氣餒的時候，有個很有用的小練習，就是想想高敏感族在社會上的價值（就算這價值不見得非常廣為人知也沒關係）。這世上有許多很有天分的藝術家、哲學家、音樂家、學者、醫生、療癒者和老師，都學會了如何在自己敏感度很高並因此受限之餘，仍然揮灑自己，並對其他人的人生產生深遠的影響。

了解你的過去

高敏感族經常因為覺得自己和別人不同而倍感掙扎。他們一定聽過「你太敏感了」、「你幹嘛想那麼多」和「忍一忍就過去了嘛」這類的說法。這類訊息可能導致高敏感族在內心裡對高敏感特質產生了一種根深蒂固的羞愧感覺。譬如，你曾經就是那個在學校餐廳裡被各種聲音和氣味震得七葷八素的高敏感孩子，或你曾經就是設法避開家中容易起衝突之成員的那個孩子。這類經驗，可能會導致沒有高敏感經驗的同儕或大人，讓身為高敏感族的你，有被邊緣化的感覺。

這本書中的每一章，都將有特定段落回顧早期童年經驗，並協助你了解這類訊息是如何可能成為了你用來了解目前和未來經驗的依據樣板。重新檢視這些有害的樣板，有可能很艱難而且很痛苦，卻能夠帶來解放並增強力量。「交織性」（intersectionality）一詞將用來鼓勵你反思，你所具有的多種不同身分（例如性別、種族、收入層級），彼此是如何交互作用，又是如何和你高敏感族的身分交互

作用。

　　假如你目前家裡有個高敏感的孩子，你可能會發現，回顧你自己高敏感的童年時期，和現在為你的高敏感孩子提供支持，兩者之間互有類似的對照。許多高敏感孩子的觀察力和直覺都很強。高敏感孩子受到過度刺激，且感到不堪負荷的時候，他們的反應有可能顯得太過度了。但對孩子而言，事情確實很嚴重，而忽略或否定他們的情緒，都可能造成很深的傷害。高敏感孩子對刺激的反應有可能很強烈，這些刺激譬如像是家中成員之間氣氛緊繃、太早或太長時間被迫自己一個人獨處、覺得自己不被支持，以及未能獲得安撫。高敏感孩子在受到高敏感特質所困擾時，所顯現出的壓力程度可能比同儕來得更高，孩子會呈現出高度的緊張或不安，會難以從一項任務切換到另一項任務，而且會想要逃避令人不堪負荷的情境。

　　第三章將特別深入探討家庭中的高敏感兒童。這裡有幾個值得留意的大原則，包括：高敏感孩子對溫柔的糾正，多半有良好的回應，對強悍或激烈的懲罰，則可能感到深深受傷；一起坐下來討論為什麼要設立某些規矩，或為什麼要懲罰他們，通常能讓高敏感孩子相當受益；以及，假如身邊有可靠的大人能幫助高敏感孩子解析和處理強烈的情緒，那麼高敏感孩子是有辦法應付這些情緒的。回顧你自己的童年，有可能會突顯出當年這些需求遭忽視的部分，也可能讓你更清楚看到一路以來替你發聲的重要人物。這樣也可望幫助你辨識出你身邊高敏感孩子的需求，並給予支持。

高敏感族的檢視量表

　　高敏感特質的標準量表，是艾融博士的「你是高敏感嗎？」測驗（1996）。假如你還沒做過這份測驗，可以上hsperson.com網站做這份互動式測驗。以下是一份

濃縮版的高敏感特質四原則檢視量表，可幫助你認識自己的高敏感特徵。請把符合你的項目打勾。

處理資訊的深度

☐ 我做決定時往往想得很深，表示我做決定有可能比較慢。

☐ 我很享受花時間思考複雜的主題。

☐ 我很努力按照自己的信念過生活。

☐ 我喜歡做事情全力以赴，並非常討厭犯錯。

易於受到過度刺激

☐ 受到過度刺激時，獨處或安靜、幽暗的環境，讓我很受用，因為這樣有助於我冷靜下來。

☐ 我發現，強烈的視覺、聲響、氣味、口味，或質地，會讓我感到不堪負荷、很煩躁，或很疲累。

☐ 我發現，同時有好幾個任務期限快到了、被人觀看，或混亂的環境，會令我特別不舒服。

情緒強度

☐ 我能察覺到別人的心情，且因而受到影響。

☐ 我經常會在一個場合中，留意要幫助別人變得更自在。

☐ 我發現，遇到我喜歡的視覺、聲響、氣味、口味，或質地，會讓我深受感動。

☐ 生活可預測且按部就班進行時，我會覺得比較平靜。

感官敏銳度

☐ 我能察覺我環境中的細微變化。

☐ 我很容易受到物質（例如咖啡因）或內在刺激（例如飢餓感）的影響。

☐ 曾有人說我觀察力很強。

　　你從所勾選的項目也看得出來，每個人表現高敏感特質的方式，可能存在著很大的差異。或許你把「易於受到過度刺激」類別的大多項目都打勾了，但「處理資訊的深度」類別只勾了幾項或完全沒勾。透過這本書接下來的內容，你將更學會如何駕馭你自己的高敏感特徵，讓你的力量更增強、更契合你獨特的需求，且更貼近你個人的目標。

───────────── 本章重點回顧 ─────────────

在你繼續閱讀這本書的同時，請記得，沒有哪兩位高敏感族的經驗是一模一樣的。有些小練習會讓你有很深的共鳴，有些則讓你覺得沒那麼受用。只要採納對你有用的部分就好，其餘的就放手吧。請記得：

1. 高敏感族的特質包括：想得很深、容易受到過度刺激、情緒很強烈，和對環境細微因子的感官敏銳度很高。

2. 你身為高敏感族的身分，只是你整體身分的其中一個面向而已。繼續閱讀這本書的時候，請讓你的每個部分都參與對話。

3. 有些事情（例如你的回應方式）在你的掌控之內，有些事情（例如社會結構）則不在你的掌控之內。請以此為依據來挑選你的戰場，並慎選你想要為什麼事情擔起責任。

每天的生活和
社交情境

身為高敏感族,每天過生活有可能令人很疲累,因為自己是以深度
的方式處理無數的情緒和刺激。在非高敏感族眼中看似簡單或輕鬆
的任務,結果卻可能令高敏感族不堪負荷,讓他們覺得虛脫或焦
慮。在這一章,你將會反思身為高敏感族每天生活中的一些層面。
本章的小練習將會幫助你盤點哪些事情很適合你、哪些不適合你,
以及哪些事情是你可能會想要改變的。在本章的結尾,你將會探索
如何落實自我照顧和正面經驗,並學習如何評估和應付負面經驗。

高敏感族與每天的生活

在理想的狀態下，日復一日的生活中，你所經歷到的刺激，應該適足以讓你保有一定動力，投入你正在做的事情，而又不至於讓你感到不堪負荷、焦慮，或想裹足不前。並不是所有壓力都是壞事，而且事實上，倘若壓力的程度，能恰恰好啟動或刺激中樞神經系統以幫助你完成任務，那麼壓力甚至是有益的。壓力妨礙了運作時，就成了過度刺激。

切換環境、任務，和社會脈絡，會牽涉到要處理生理上、認知上，和情緒上的變化。高敏感族往往會本能地將有益的策略納入他們每天的運作，以應付這種處理的歷程，例如總會隨身帶一件外套「以防萬一」。這類策略有助於預防過度刺激，並可讓你保持在最佳運作狀態。從非刻意應付轉換成刻意應付，可增加你的自信和表達需求的能力，或在有需要的時候調整自己以順應挑戰。高敏感族可以有三種刻意的方法，包括安排過渡時段、排定固定行程，和規劃所處的環境。

過渡時段。過渡時段是空出一段時間，讓你結束某個活動後，既在思考處理上和在刺激程度上，都雙雙先放鬆下來，然後才切換到另一個新的關注焦點上。就像運動時會做暖身或冷卻活動，我們的身體也需要時間調節適應。這種過渡時段能讓你有空間把前一個任務的刺激先平緩下來，然後才開始著手下一個任務──這個方法對調節壓力程度可說非常重要。

過渡時段可以單純如在工作會議和會議之間去上個洗手間，也可以是詢問朋友，相約的晚餐聚會是否能夠延後半小時。高敏感族往往在平常醒來和睡前的時候，會需要來個過渡時段，忙了一天之後，上床睡覺之前，從事一些平緩心情的活動，例如閱讀或寫札記，多半讓高敏感族覺得放鬆和受用。同樣地，高敏感族往往不喜歡早上一醒來就跳下床，因此安排半小時的一個空檔，讓自己在腦袋裡先替今

天一天做一下準備，可望讓壓力程度有顯著不同。

固定行程。 固定行程有助於讓你知道接下來會發生什麼事情，你可以仰賴肌肉記憶來運作，藉此幫助你調節刺激的程度。人在從事全新任務時，通常會比較警覺和專注，所以假如你的身體從來不知道接下來要做什麼事情，那麼你便是以高度專注的狀態在運作，但所進行的活動其實並不需要這麼高的專注度。假如你每天早上都遵循相同的固定行程，那麼認知的資源就不會消耗在所有每一項細小任務上。這些認知資源就可留用在一天當中的其他任務上。也常可看到高敏感族偶爾撥時間評估自己的各種固定行程，讓它們變得更有效率和更簡化。

規劃環境。 規劃你所處的環境，有助於你管理日常壓力，特別是可以整頓一下用來放鬆的空間，如臥室或起居區域。由於高敏感族會深度處理感官資訊，他們經常在消化從周遭環境接收到的資訊。新的或不斷變化的刺激、混亂的環境，或令人很不舒服的刺激（例如刺眼的光線或惡臭），會導致中樞神經系統受到刺激。高敏感族往往不喜歡自家環境裡有雜物堆積，因為他們的大腦會把每一個雜物都視為一個需要處理的資訊點（或全新的視覺刺激）。全新的視覺刺激越少，人所受到的刺激就越少。

規劃多人共享的空間有可能構成挑戰。關鍵在於妥善向別人溝通你的需求，以及彼此妥協的意願。請清楚認識你對不同的顏色、形狀、質地、空間安排、光線、聲響，和氣味，有什麼樣的反應。請利用這分認識，來打造一些能讓你進入（假如是用來工作的）或跳脫（假如是用來放鬆的）理想刺激狀態的空間。就算是很小的調整，例如清理掉一疊文件，也可能造就很大的不同。

評估和規劃你的環境

在這個小練習，你將用一點時間來評估所處的環境是如何影響你。

請花一分鐘時間，在家中你固定會待的地方坐下來。慢慢掃描整個空間，觀察你用五種感官所會接收到的各種資訊。

請留意你在情緒上和生理上，各有什麼樣的感覺。依據你的五種感官，在第27頁的表格裡，記錄下哪些事情會有礙或促進你放鬆。你可能會感到平靜、焦躁、有活力、疲倦、緊繃、躁動、不堪負荷，或任何可能的情形。理想的情況下，在用來放鬆的地方（例如客廳或臥室），周遭環境應該要能暗示並支持放鬆的感覺。在你固定會待的每一個起居空間都做一下這個小練習吧。

	……能幫助你放鬆？	……會干擾你放鬆？
你看到了什麼……	例如：色澤鮮豔的野鴨	例如：書桌上堆的雜物
你聽到了什麼……	例如：啾啾的鳥鳴聲	例如：時鐘的滴答聲
你聞到了什麼……	例如：蠟燭	例如：髒衣服
你摸到了什麼……	例如：柔軟的床單	例如：扶手上的裂痕

評估完空間之後，用一點時間來想一想干擾的事物吧。請列出最干擾的三樣東西，以及它們各是如何影響了你。

例如：書桌上堆積的雜物會增加我的焦慮感，因為那感覺好像我有事情沒做完。

1. _____

_____

2. _____

_____

3. _____

_____

現在，請列出你如何能改變這每一個引起緊張的因素。

例如：把文件和信件分成三疊──「待填寫」「撕碎銷毀」，和「需回覆」──並在收到時就先加以分類。

1. _____

_____

2. _____

_____

3. _____

_____

最後，列出最有幫助的三項刺激吧。請把這些事記起來，供將來規劃空間時使用，並把這些事當作壓力大時可供享受的資源。如果知道什麼事能讓你平靜下來，你也就能更妥善照顧自己；在享受你的空間時，請優先考量這件事。

例如：早上聽到鳥叫聲，能讓我覺得放鬆。壓力大的日子裡，我享用咖啡的時候可以打開窗戶，就能聽得更清楚了。

1. _____

   _____

2. _____

   _____

3. _____

   _____

在家裡的不同空間，會讓你有反應的事物可能各有不同。某種顏色在書房可能有助於你專注，在客廳卻可能使你感到緊張。你的生活往往會隨著時間而起變化，因此你可能會想要重複做這個小練習，不時重新評估你的空間。盤點你四周的空間，可幫助你清除不必要的壓力源，和設置支持性的刺激。

你最佳的刺激程度

　　高敏感相關文章經常使用「過度喚起」（overarousal）一詞，對於沒有高敏感經驗的人來說，這個說法有可能令人困惑。本書所使用的詞彙是「過度刺激」（overstimulation），因為這個詞彙很能描述刺激因子對中樞神經系統所激起的生理歷程。為了更了解什麼是過度刺激，讓我們先簡單介紹一下中樞神經系統，它是由腦部和脊髓所構成。它至關重要，既攸關著你有意識紀錄的事情（例如想法、動作，和情緒），也關係著你無意識下所發生的事情（例如呼吸、心跳、荷爾蒙調節，和溫度調節）（Newman, 2017）。中樞神經系統是處理五種感官的地方，這也是高敏感族在經歷這個世界時，和非高敏感族最關鍵的差異之處。有一組國際研究團隊，分析了好幾個至今現有關於高敏感族的功能性核磁共振造影研究。結果一再看到，腦部的幾個結構所測得的數據顯示，高敏感族腦部比非高敏感族來得活躍（Greven et al., 2019）。

　　每個人中樞神經系統的處理能量都有其上限，因而有可能到達一種覺得不堪負荷的階段。比方說，每個人理想的工作溫度都不同，並會以不同的速率感到太熱或太冷，最終到了某個溫度時，會變得欲振乏力、無法專心，且／或無法以自己正常的方式工作。高敏感族的理想溫度，可能會比非高敏感族來得更明確許多。高敏感族的高度敏銳度，基本上就代表著中樞神經系統的高度處理過程。雖然這會為高敏感族帶來一些益處（例如了解得更深入、更能同理別人），這也意味著更容易頂到上限，並感受到不舒服和運作能量下滑。

　　不論遇到任何刺激，高敏感族中樞神經系統處理資訊的程度，都比非高敏感族來得深。這有可能令高敏感族非常疲憊，因為整個腦部和脊髓，時時刻刻都在處理大量的資訊。假如你在電腦上同時跑好幾個複雜的程式，可想而知，它的效率有時會下滑。這種情形也可能發生在腦部結構較活躍的人身上——不妨想像，比起非高敏感族，高敏感族是在跑一些更複雜的應用程式。這就是為什麼你在回答問題前可能會想先停頓一下，或想等進到安靜的辦公室後再開始回覆電子郵件。

　　你的中樞神經系統經常在消化資訊，並做出相對的回應，以協助調節你的身體。調節式的回應——例如哭泣，能釋放如皮質素這類的壓力荷爾蒙——是指有助於讓中樞神經系

統回歸均衡的回應。你的身體在設法調節，讓中樞神經系統的運作回歸平衡的時候，對自己抱持一種寬容慈悲的反應方式，往往很有幫助，就算你無法改變導致系統失衡的刺激因子時也一樣。其他如臉紅（皮膚泛紅）和心跳加速這類的中樞神經反應，是你身體用來調節過度刺激狀態的方法。練習正念，有可能極有助於學習你中樞神經系統是如何反應，並騰出空間供身體練習自我調節。

評估刺激程度

認識一下哪些事情會對你構成刺激，有助於建立永續性的日常步調。請用一分鐘想一想以下各類情境，然後寫下對你可能是正面或是負面的例子。請留意，同一種刺激有可能兩種情形都符合（例如認識新的人）。假如某個刺激可能既好又不好，不妨詳加註明（例如咖啡，見第32頁的表格）。

刺激來源	我喜歡的事物	我不喜歡的事物
生理：高強度的感官輸入（畫面、味道、觸感、聲音、氣味）	例如：高音量的演唱會	例如：車輛喇叭聲
生理：低強度的感官輸入（畫面、味道、觸感、聲音、氣味）	例如：柔和的光線	例如：空調的聲音

刺激來源	我喜歡的事物	我不喜歡的事物
認知：新體驗	例如：探險	例如：不確定性
社交：成為關注的焦點	例如：覺得被團體接納	例如：害怕搞砸
生理：物質（例如藥物、糖分、咖啡因）	例如：咖啡提振我精神	例如：咖啡使我焦慮
多元面向：驚喜	例如：浪漫	例如：令人不堪負荷
情緒：處理情緒資訊	例如：向朋友傾訴感受	例如：觀看悲傷的電影
認知：深度討論或思考的主題	例如：和別人交心	例如：可能感到沉重或悲傷

越來越了解各種刺激會對你產生什麼樣的影響以後，你可能會越來越注意要在什麼時候和以什麼方式讓自己暴露在某些刺激下（例如此時此刻喝咖啡是有益還是有害）。無法控制暴露的程度時，請試著了解你為什麼會覺得受到過度刺激，這樣你就可以用體恤自己而不是怪罪自己的方式來回應。光是了解自己當下的狀態，就可望舒緩焦慮感。

常見的挑戰

高敏感族無法控制周遭環境的刺激程度時，是會構成挑戰的。你並沒有辦法控制你的雇主使用什麼樣的燈光、商店裡播放什麼樣的背景音樂，或同事噴什麼香水。有時候，只不過想在這世界裡正常運作，卻覺得彷彿你的各種感官都飽受攻擊，你不免會感到耗弱、氣餒，和悶悶不樂。你或許因此對朋友或親人發起脾氣來，事後又感到自責和慚愧。

面對過度刺激的狀態，並不是件容易的事。如果想好好應對，就要善用審慎的事前計畫和預防的措施。請切記，即使所做的決定，是關於在你掌控之內的事情，也依然可能導致過度刺激和做決定的倦怠感，因此務必要適度調整自己的步調。

高敏感族有些時期會覺得人生對他們既不公平又嚴苛，這種情形很常見，也是人之常情。假如不需要事前做計畫、不用準備以防萬一的備案，或不用擔心自己變得不堪負荷，該有多好？倘若沒仔細檢視過這種事，這有可能演變成自我怪罪，或認為你應該要更像別人一點，並認為高敏感只是「自己想太多」。這會變成一種進退兩難，你可能選擇忽視自己的需求，導致更多過度刺激的狀態，使你生活惡化，你也覺得自己和別人更格格不入了。

某些日子裡，你澈底沉浸在身為高敏感族的深深喜悅和美感之中。那就好好歡慶這種日子吧！有些日子裡，覺得生活很艱難時，請記得，關於人沒有極限的幻想，真的就只是一種幻象而已。人人都有極限，人生在世，本來就要面對這些

限制，並找出可行之道。人人生來就有個自己所無法選擇的軀體和處境。人所要做的事，在於接受手上拿到的這副牌，從自己既有的處境做最大的發揮。所以儘管去感受那不公平，設法處理內心的傷痛，給自己空間去調適，然後開始看看哪裡能讓你有可著力的感覺，去改善你所能改善的事吧。重點是，請記得，這不是「你想太多」；這是你的中樞神經系統使然，只是它剛好也位在你用來想事情的腦袋裡而已。

資源的收支平衡

各種任務都會耗費時間、體力、精神專注力，和情緒頻寬。你每一天具有生產力的時數是有上限的。管理時間，就是在管理這些有限的資源。從未來汲取和預支資源，將會導致過度刺激和工作倦怠。

了解自己需要多少時間睡眠和在清醒時休憩、需要多少時間從一項任務切換到另一項任務、需要多少時間才能從容不迫用餐等等，能夠幫助你在每日和每週的生產力上，設定務實的目標。順應自己的極限，反而能提升每項活動的效率，因為你將處在你最佳化的範圍之內。

1. 以下，請列出下星期在你工作上和私人生活上，所有你需要和想要的事。練習列出這個表格的同時，你可能也會想把這個小練習，或它的微調版，納入你的每日計畫、每週計畫或每月計畫的固定行程裡。

	工作／學校	私人生活
必要 的事	例如：有完成期限的事務、規定的要求、會議、課程	例如：個人清潔、飲食、睡眠、預約看診；包括一項自我照顧的活動
想要 的事	例如：正在持續進行的計畫、沒有完成期限的任務	例如：社交活動、一些計畫

2. 請利用本頁的表格，開始建立一個時間表。把表格中的項目一一填入第38頁起的時段空格內。

● 首先，請填入你的睡眠，包括睡前和起床那段時間前後的一些固定行程。

● 接著，把你需求表格裡的任務項目，一一放進第38頁起的每個時段，有必要

的話，可把各時段以15或30分鐘為單位。如果你使用的是電子行事曆，可以把這活動載入那裡。

● 把「想要的事情」加進去，並要知道這其中一些事情有可能被擠掉，這取決於有多少「必要的事情」會優先佔用掉資源。

● 請把所有事情統統考量進去（例如通勤時間、中場休息時間、放鬆時間）。你的目標和期待，常常會超出可供你完成這些目標的時間。有些事情必須捨棄。一般人經常會犧牲掉睡眠、飲食營養，和自我照顧。這樣會使你直線墜向工作倦怠，對高敏感族更是如此。

密技訣竅：每週都預留一、兩個緩衝空檔，給可能出現的突發狀況。這樣能保有可控制的彈性，假如你未能在預設的時段完成某項任務時，這樣也能減輕恐慌。

密技訣竅：請評估你能在不休息的情況下，維持注意力和專注力多長的時間（有可能是30分鐘，也可能是4個小時），再根據這評估結果來設定你的期待。目標是藉由設定可達成的期待，讓你最終順利達陣。

3. 本週結束時，回顧一下這個小練習吧。在下週再度展開練習之前，先用一點時間想一想以下這些事情。

● 哪部分很順利？

_____

_____

- 哪些部分，我比自己想像中需要更多時間？

  _____

  _____

  _____

- 我下週如果想改良這體驗，能怎麼改變？

  _____

  _____

  _____

- 常常會發現，時間並不夠把所有事情統統都做完。假如你一週以來也是這種情形，有哪些部分是你能刪減的嗎？必須捨棄什麼呢？

  _____

  _____

  _____

4. 請持續根據你的需要，回顧和調整這個小練習，直到它變成一個每週都可連續使用的永續性行程表或規劃行程表的方式。

　　管理你時間的收支，盤點所有必須做的事情，極為有助於管理焦慮和不堪負荷的感覺。持有一個可靠且務實的系統性行程表，是一種規劃你時間和精力等有限資源的積極方式。

星 期 日			
早上12:00		下午12:00	
早上1:00		下午1:00	
早上2:00		下午2:00	
早上3:00		下午3:00	
早上4:00		下午4:00	
早上5:00		下午5:00	
早上6:00		下午6:00	
早上7:00		下午7:00	
早上8:00		下午8:00	
早上9:00		下午9:00	
早上10:00		下午10:00	
早上11:00		下午11:00	

星 期 一			
早上12:00		下午12:00	
早上1:00		下午1:00	
早上2:00		下午2:00	
早上3:00		下午3:00	
早上4:00		下午4:00	
早上5:00		下午5:00	
早上6:00		下午6:00	
早上7:00		下午7:00	
早上8:00		下午8:00	
早上9:00		下午9:00	
早上10:00		下午10:00	
早上11:00		下午11:00	

星 期 二			
早上12:00		下午12:00	
早上1:00		下午1:00	
早上2:00		下午2:00	
早上3:00		下午3:00	
早上4:00		下午4:00	
早上5:00		下午5:00	
早上6:00		下午6:00	
早上7:00		下午7:00	
早上8:00		下午8:00	
早上9:00		下午9:00	
早上10:00		下午10:00	
早上11:00		下午11:00	

星 期 三			
早上12:00		下午12:00	
早上1:00		下午1:00	
早上2:00		下午2:00	
早上3:00		下午3:00	
早上4:00		下午4:00	
早上5:00		下午5:00	
早上6:00		下午6:00	
早上7:00		下午7:00	
早上8:00		下午8:00	
早上9:00		下午9:00	
早上10:00		下午10:00	
早上11:00		下午11:00	

星期四			
早上12:00		下午12:00	
早上1:00		下午1:00	
早上2:00		下午2:00	
早上3:00		下午3:00	
早上4:00		下午4:00	
早上5:00		下午5:00	
早上6:00		下午6:00	
早上7:00		下午7:00	
早上8:00		下午8:00	
早上9:00		下午9:00	
早上10:00		下午10:00	
早上11:00		下午11:00	

星 期 五			
早上12:00		下午12:00	
早上1:00		下午1:00	
早上2:00		下午2:00	
早上3:00		下午3:00	
早上4:00		下午4:00	
早上5:00		下午5:00	
早上6:00		下午6:00	
早上7:00		下午7:00	
早上8:00		下午8:00	
早上9:00		下午9:00	
早上10:00		下午10:00	
早上11:00		下午11:00	

星 期 六			
早上12:00		下午12:00	
早上1:00		下午1:00	
早上2:00		下午2:00	
早上3:00		下午3:00	
早上4:00		下午4:00	
早上5:00		下午5:00	
早上6:00		下午6:00	
早上7:00		下午7:00	
早上8:00		下午8:00	
早上9:00		下午9:00	
早上10:00		下午10:00	
早上11:00		下午11:00	

讓活動變得自動化

　　任何你希望它變成固定行程的活動，都可以再次進行這個小練習。變成固定行程以後，你就能釋出精神能量，和提升日常活動的效率。請記住，高估所需要的時間，比低估來得好。做規劃時請盡量把時間排得寬裕一些，以免在進行固定行程時感到倉卒。

這個固定行程，我需要多少時間？

_____

_____

過渡時間：這個固定行程開始之前或結束之後，我需要多少過渡時間？

_____

_____

請列出這個固定行程所需考量的每一項任務。在每一項任務後面，用括弧標註預計所需的時間。

例如：早晨固定行程共30分鐘──刷牙（2分鐘），吃早餐（15分鐘），靜思（5分鐘），穿衣服（3分鐘），梳頭（5分鐘）。

_____

_____

_____

_____

_____

_____

_____

_____

請把以上括弧內的時間加總起來。它們等同於還是少於你理想中的時間長度呢？

_____

_____

假如加總起來多於你理想中的時間長度，可以考慮增加整個活動的時間，或者可以刪減你所期望完成的項目。

先後順序有影響嗎？

_____

_____

如果有影響，你希望以什麼順序做這些事呢？

_____

_____

_____

_____

你建立這個固定行程的時候，請把你定案版的內容，張貼在顯眼易見的地方。這個提醒告示，有助於你加強注意力或指引你，直到你對固定行程的內容已經駕輕就熟，不再需要提醒為止。

回顧過去經驗

高敏感族的成長過程有可能不可思議地艱難和痛苦，這其中的原因有很多。每個人的成形，既來自宏觀系統，譬如你的世代、性別和文化，也來自微觀系統，譬如你的家庭、社區和教室。依據別人回應你高敏感天性的方式不同，你有可能過得很自在，也可能過得很辛苦。這些回應方式構成了一些樣板，你用它們來評估你和周遭世界的相對關係。比方說，敏感的你，是「怪怪的」、「特立獨行」，還是「有天賦」呢？

葛瑞文等人的研究（2019）提醒著我們，高敏感是一種特質，不是一種疾患，且可能隨著正面或負面的經驗，而衍生互動式的效應。這表示這特質本身，並不會注定你童年的走向。但高敏感族遇上負面經驗時，會比非高敏感族更容易衍生出負面的後果，譬如引發憂鬱或焦慮或健康受損。幸好，這也表示高敏感族遇上正面經驗時，他們能比非高敏感族更容易獲得正面的效應，譬如更高程度的創造力，或對喜悅和意義有更深刻的感受。

你在評估過去時，不妨經常想想這種互動效應。它能給你空間，去回想身為高敏感族過去所曾面對過的挑戰，以及高敏感特質所帶給你的種種經驗。有可能一聽到研究結果，就很容易覺得因為高敏感族對周遭環境的反應很強烈，人生就注定要焦慮或憂鬱一輩子。然而很常見的一種情形是，高敏感族能記得童年某人的一個小舉動或一句話，對他們產生了不可思議的安撫或平靜效果，且在後來壓力大的時刻，持續帶來慰藉。你在回顧過去時，請盡量記住，身為高敏感族，既有正面也有負面的效應，而且兩者是可以互相平衡的。

處理回憶

　　用一點時間檢視你過去的經驗，有助於釐清現在的情緒。回顧正面的經驗，能幫助你站穩腳步，和綜合平衡關於身為高敏感族的一些負面想法。

請用一點時間回想並寫下你童年的一段正面回憶。

_____

_____

_____

_____

_____

_____

_____

● 你的高敏感特質是如何讓這段經驗變得更美好了？

_____

_____

_____

● 是誰和你一起經歷了這件事？

_____

_____

_____

● 他們的反應對你的經驗產生了什麼樣的正面效應？

_____

_____

_____

現在請回想並寫下你童年的一段負面回憶。

_____

_____

_____

_____

_____

_____

_____

● 你的高敏感特質是如何讓這段經驗變得更惡化了？

_____

_____

_____

● 這段回憶會讓你聯想到誰？

_____

_____

_____

● 他們的反應對你的經驗產生了什麼樣的效應？

_____

_____

_____

_____

　　之後的小練習將更深入探討你的早期生活經驗，但這個小練習主要是用來介紹導入「既／且」的概念。身為高敏感族是既困難且美好的。維繫這種張力，是哀悼和歡慶高敏感特質實際狀態很關鍵的一環。

高敏感族與社交情境

你面對周遭環境的刺激時，會展現出獨特的天賦和遇到特有的挑戰，你在社交情境下也一樣是如此。和別人互動時，深度的資訊處理，會發生在觀察非言語的溝通，和聆聽交談內容、弦外之音，和前後脈絡的時候。每多一個人加入互動，你就可能感覺到，自己所正在處理的資訊，複雜度瞬間飆升了。此外也可能出現情境式的壓力（例如別人認為你「太安靜了」這類的訊息）、周遭環境的刺激（例如有好幾個人同時在說話），以及非言語的溝通（例如察覺有誰正感到不自在）。

假設丹妮（高敏感族）和由紀（非高敏感族）兩人是同事，她們決定在上班的午休時間一起去吃午餐。丹妮喜歡這樣一起吃午餐，因為由紀願意聊得比較深入，而且即使丹妮偶爾不說話，由紀也不會介意。某天，由紀邀請一位叫瑪莉詠的新同事一起加入午餐飯局。瑪莉詠和由紀都很好相處，聊起來很愉快，然而丹妮卻發現，自己吃完這頓飯後感到很疲累。她感到失望，也有些困惑。瑪莉詠人很好，由紀人很好，她們三人笑聲不斷，而且瑪莉詠和由紀也都表示，很期待有機會三人再像這樣一起聚聚。丹妮不禁納悶「我有什麼毛病嗎？瑪莉詠和由紀似乎都不會因為這樣而覺得困擾。我應該就是太敏感了吧」。隔天，丹妮一方面想在午休時間自己休息，一方面又不想錯過聚餐的社交活動，並為此陷入天人交戰。

只有丹妮和由紀的時候，丹妮能察覺到她們倆之間互動的動力，自己也會設法迎合由紀對事情的反應方式和感受。她自己也有充裕的空檔時間，可處理她的周遭環境、兩人的交談內容、她的食物等等，而不至於感到不堪負荷。雙人組（丹妮－由紀）變成三人組（丹妮－由紀－瑪莉詠）的時候，原本只須追蹤雙人組一組互動的她，變成要追蹤四組互動：（1）丹妮－由紀雙人組、（2）丹妮－瑪莉詠雙人組、（3）瑪莉詠－由紀雙人組，以及（4）丹妮－瑪莉詠－由紀三人組。群組裡每多加入一人，高敏感族所處理的資料串流，往往就會像這樣瞬間飆升了。

此外，高敏感族發現有人不自在時，往往會覺得自己有不得不回應的壓力。雖說這是一種友善的舉動，它卻是一種天賦的能力，而不是必需的義務。有些日子裡，你可能覺得想去找躲在角落的不安新成員攀談，好幫助他們有被歡迎加入的感覺，有些日子裡，你卻可能沒有這樣的動力。

請准許你自己：

- 在團體中扮演更類似觀察者的角色。
- 經常關心一下你自己和你自己的需求。
- 提醒自己，你並沒有義務要確保每個人都百分百自在。
- 說不。
- 遲到或早退。
- 找空檔休息。
- 改變心意。
- 用對待朋友的方式對待你自己。

不論在任何社交情境，你都在調節各式互相競爭的需求，例如對融入團體的需求，和將刺激控制在可接受程度的需求。你的需求總是波濤洶湧而來，因此關心一下你自己並保持彈性，是很重要的事。舉例來說，丹妮可能決定有些時候自己可以和同事一起午餐，有些日子裡，她比較想要一對一的聚餐，還有些日子裡，則想要自己一個人吃飯。每一種決定勢必伴隨著某種損失（分別是：變得更疲累、有人覺得自己被冷落了，或錯過社交的機會），丹妮必須和自己商量妥協，看她覺得什麼程度的損失是可接受的。

我要不要去參加這場活動呢？

可利用這個決策樹狀圖，幫助你根據你所重視的價值，和你可撥用給某場活動的有限資源，來決定是否要參加這場活動。

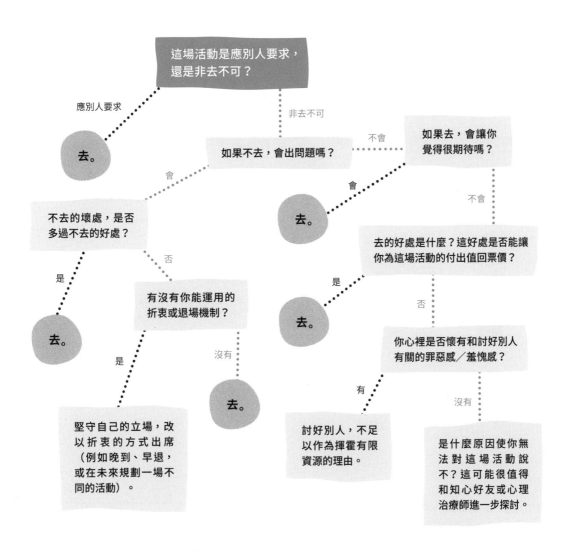

永遠會有一些時候，是你不得不參加一些令你疲憊的活動，但評估為什麼要和以什麼方式參加某個活動，有助於減少你不必要的資源支出。而更清楚瞭解你如何能讓你能量的輸出和輸入盡量保持平衡以後，你就能在出席重要活動並投入其中的同時，也照顧到你的個人需求。

當下的自我關心

　　結果你決定要參加一場需要你和別人社交的活動。於活動前精心預做準備，並於事後安排一些自我照顧的時間，可有助於你保護你的資源。請利用第52頁的一系列問題，於活動之前、之中和之後關心你自己。

● 我的身體在告訴我什麼？這和我對這場活動和現場出席者的感覺，有什麼關聯性？
  例如：每次交誼回來，我通常會頭痛。認識新的人所帶來的壓力，大概一直累積在我的肩頸部位。肩頸痠痛或頭痛，或許滿適合作為我壓力過大的指標。

_____

_____

_____

_____

_____

● 這場活動／出席者讓我感到自己很虛脫還是很有活力？

_____

_____

_____

_____

_____

_____

● 要怎麼樣，才能讓我在這場活動有順利成功的感覺？

例如：假如希望在活動尾聲時感到滿足，我通常會需要一、兩回較深入的對話。

_____

_____

_____

_____

_____

_____

● 我目前有多少精力／資源可撥給這場活動／出席者？

例如：這星期以來，我因為必須趕出一份工作，所以睡眠不足，長達四個小時的這場活動中，我恐怕無法表現得活力充沛又雀躍。我要麼可以去了，以「開啟的模式」待一個小時就回家，要麼就是以被動參與的模式，待完全程的四個小時。

_____

_____

_____

_____

_____

● 我事後需要怎樣才能恢復元氣？

例如：補眠、宅在家裡一整天、補喝水或補吃健康食物、泡熱水澡等等。

_____

_____

_____

_____

_____

_____

_____

● 我有哪些需求可能會佔用掉資源？關於目前優先使用資源的需求，以及我為了滿足這個需求所需付出的代價，我覺得可以嗎？

例如：如果想在工作時精神奕奕，我需要九個小時的睡眠。我也需要和一位一年多沒碰面了的朋友聚一聚。和這位朋友聊天到深夜，意味著我接下來幾天工作時都會比較累。這樣的犧牲，我覺得可以嗎？

● 我在事前能預先做什麼有助益的規劃？

例如：我這週六想去爬山，但週六通常是我洗衣服的日子。我打算這週五晚上好好待在家裡洗衣服，這樣週六爬完山回來，我就能什麼事也不用做，單純休息就好。

● 我怎樣能知道自己已經逼到極限了？

例如：我開始覺得累了、兩腳痠痛了，而且我開始感到不堪負荷的時候，會沒辦法再那麼專心聽別人說話。發現以上任何情形時，都可作為不錯的指標，表示我正處於刺激過度的狀態，需要回家或中場休息一下了。

_____

_____

_____

_____

● 我覺得想要告辭的時候，我有什麼樣的退場機制？

例如：我會開我自己的車去現場，這樣到了我想離開的時候，就能直接離開，不需要等別人載或硬拖著別人提早離開。我已經事先知會過主辦人，說我可能會需要早退，所以等我準備好的時候，就會向這位主辦人道別，然後回家。

_____

_____

_____

_____

_____

● 假如我無法提前離開，怎樣能幫助我維持活力？

例如：我會帶個小點心，再點一杯咖啡，找個安靜的角落稍微休息一下，或事前先睡個午覺，還有先把明天早上的事情都排開，就能睡晚一點再起床。

將來隨著時間，你在評估付出資源給各式活動和參與者時，這些問題會變得越來越得心應手和流暢。以現階段來說，先以用意明確的方式關心你自己，會很有幫助。你握有的資料越多，在做決定向前邁進時就越有參考依據。

常見的挑戰

高敏感族經常太過迎合別人了，因此很容易忽略自己的需求。早期人生中所接收到的一些訊息，有可能加重了這種自我忽略，而你如果深信你的敏感是不合理的，同樣也會加深自我忽略。人在覺得自己受到關照時，通常反應會比較正向，因此照顧別人，有可能是既有成就感又令自己疲累的一件事。高敏感族一個合理的目標，就是對於自己的需求，和別人的需求，至少要做到一視同仁。

在需求之間找到一個合理的平衡點，有可能並不容易。高敏感族並不會因為自己很敏感，就凡事都能夠全權作主，但他們也不需要只因為別人無法對他們感同身受，就「逆來順受、照單全收」。少了開誠布公的溝通，彼此是無法取得平衡的。非高敏感族可能其實沒有辦法像你感受到其他人的不自在那樣地感受出你的不

自在，因此，直接而白話的溝通是很重要的。替自己發聲時，先向對方說出你的感受，然後提議讓事情有所調整吧。

表明自己的立場，往往是從小處開始，譬如先對事情表達一句、兩句的意見。替自己發聲，不代表每個人都將滿足你的心願，但發聲能增強你的自信心，協助你維持一種主控感，並讓你更了解身邊和你相處的都是些什麼類型的人。也就是說，假如你的朋友們讓你覺得敏感是一件不好的事，那麼或許該是時候擴大拓展你的朋友群了。

回顧過去經驗

高敏感族不但處理資訊的量很大，且所經歷的情緒也很深，這意味著負面經驗有可能囤積在內心裡。早期的經驗會形成樣板，影響著你日後體驗事情的方式。這些樣板是在背景自動運作的（例如私自認為某人覺得你很煩，因為從小只要你一提起和敏感相關的擔憂，你家人就覺得你很煩）。高敏感族多半很熟悉與別人不同和被誤解的感覺。在群體中，尤其是在兒童群體中，與別人不同，往往會伴隨著被排擠、被嘲笑，或感到不自在。

成年高敏感族常見的一個課題，是他們會很努力不成為家人的負擔，從小就自己照顧自己。高敏感族在小時候，經常在內心裡自行應付負面經驗（他們覺得丟臉，於是靠自己來調整自己的行為），他們並不會把這些事向成年照顧者傾訴，但成年照顧者其實或許可以幫助孩子重新界定事情、處理孩子的情緒，或替孩子挺身而出。高敏感兒童學會了如何滿足自己的需求和父母本身，於是經常被稱讚為「很好養」。沒被注意到的部分，是高敏感孩子受傷、害怕、難過，或寂寞的經驗。

需求沒被注意到，不見得一定代表父母教養有缺失。孩子所出生的家庭，其教養風格往往不適合這孩子本身的性格和感官處理需求。日後再照料這些沒被注意到的需求，未必等於指責照顧者。但得知自己有某些需求當時並未或無法被滿足，可開啟體諒善待自己的大門。培養韌性，就從了解你過去的情緒和經驗開始。

早期的訊息

　　高敏感族的成長過程中，往往充滿困惑，也感到被孤立，要是高敏感特質一直到成年以後才被發現，這種感覺就更強烈了。從高敏感的角度回顧你的過去，有助於你重新界定那些負面的經驗。請一面回顧，一面想一想以下的問題。要知道，這些問題，你有可能一次只想先思考一個，所以歡迎依最有幫助的方式，隨時回來看看這一系列問題。

● 關於敏感，你從權威角色（例如父母、家中其他成員、老師）接收過什麼樣的訊息？
　　有哪些是明明白白說出口的？
　　有哪些是你耳濡目染的（例如透過觀察非語言的溝通或間接的言論）？

● 關於敏感，你從同儕接收過什麼樣的訊息？

有哪些是明明白白說出口的？

有哪些是你耳濡目染的？

_____

_____

_____

_____

_____

_____

_____

● 依你當時的了解，敏感這種東西，是值得珍惜、有待克服，還是其他？

_____

_____

_____

_____

_____

_____

● 你所接收過關於敏感的訊息中，假如其中曾牽涉到性別，是什麼樣的內容？

_____

_____

_____

_____

_____

_____

_____

● 你所接收過關於敏感的訊息中，假如其中曾牽涉到種族，是什麼樣的內容？

_____

_____

_____

_____

_____

_____

_____

- 你所接收過關於敏感的訊息中，假如其中曾牽涉到信仰或宗教，是什麼樣的內容？

_____

_____

_____

_____

_____

_____

- 在你小時候，關於在不同脈絡中（例如家裡的環境、家人之間的互動、學校的要求期待、與同儕社交、信仰相關活動）管理你的敏感度，現在想來，有什麼事應該會讓當時的你覺得有幫助？

_____

_____

_____

_____

_____

_____

● 有哪些和高敏感相關的挑戰，是你當時曾遇到卻不自覺的？

_____

_____

_____

_____

_____

　　回顧過去，有可能激起很強烈的感受。請給你自己充足的空間，去感受任何可能浮現的情緒。盤點過去，將有助於你釐清你現在為什麼會以這些方式回應事情。這會讓你有更多空間體諒善待自己，而更加理解以後，你將更能向前邁進，獲得成長和新的體驗。這種成長需要時間、精力和情緒資源。

—————————————— **本章重點回顧** ——————————————

高敏感族時時在處理自己四周環境中的資訊，並把這資訊整併到過去和現在的經驗中。這有可能導致不堪負荷和虛脫的感覺。能夠在當下就察覺自己有可能像這樣陷入過度刺激的狀態，有助於你建立更符合你需求的生活作息，進而讓運作變得更有效率。在繼續進行日常固定行程的同時，請切記以下幾件事：

1. 你的敏感度有其生理基礎，而焦慮／不堪負荷的感覺，是你的中樞神經系統在表達它需要關注。

2. 找出你最理想的刺激程度，將可讓精力和平靜感更能夠日復一日永續維持。

3. 從高敏感的角度重新處理過去的回憶，能帶來更多空間體諒善待自己，並以增強力量的方式，重新改寫你解讀人生的口吻。

3

人際關係

人際關係很不容易。你可能會發現自己既想要和別人交心，又覺得真誠的人際關係實在是難上加難。人際關係中充斥著誤解、操弄和痛苦的可能。然而，一段良好的人際關係，可提升生活的品質、改善健康（Yang et al., 2016），並增添體驗新事物的樂趣。人際關係值得我們擁有，但我們也應該審慎選擇，因為你的人生既可能因此受惠，也可能因此受害。本章將淺談幾種不同類型的人際關係，並探討各種關係中的一些需求。

愛情中的高敏感族

不論你目前的感情狀態為何，請記得，談一段長期而專一投入的感情，並不是一種健康的人生主要目標。許多文化的訊息都指向，有了感情，人生才會有意義和有目的，然而，並非人人都會因此就感到滿足和圓滿。如果你自認是無性戀者、偏好單身，或還沒遇到想讓自己專一投入的對象，請記得，自我價值並不取決於感情。第84頁討論了幾種不同類型的感情，請利用其中對你有助益的部分，把自己從非得要靠別人才能讓自己變得完整的謊言中解放出來吧。假如你目前已有對象，請切記，你的伴侶並不包括在你的完整性之內。多多進行用意明確的溝通、分擔和分享責任和目標，以及培養個人的興趣，這些統統都是對感情關係有益的工具，對高敏感族尤其有幫助。

用意明確的溝通。有些高敏感族害怕自己的需求會讓非高敏感族招架不住，因此考慮著自己是否該找同為高敏感族的人交往。有些人則認為，一段感情關係中如果兩人都是高敏感族，未免太辛苦了。兩種考量都有其道理，並沒有所謂的「正確」答案。就高敏感族而言，你可能會不太敢表明自己的高敏感特質，和開口提出自己的需求。就非高敏感族而言，你有可能難以承認自己也有需求，並且表達出來，因為你的需求似乎不如高敏感族的需求那麼強烈。清楚區分什麼是想要、什麼是需要，對兩種人都可望帶來助益。非高敏感族可能只是比較喜歡涼爽的睡眠環境，但要是太熱了，高敏感族可能根本睡不著。對某人來說是一種喜好，對另一人來說卻是一種需求，而能夠清楚溝通這件事是很重要的。倘若你能夠明確辨認並清楚表達出你的需求、體貼地傾聽你伴侶的需求，並一起努力找出折衷辦法，便可望建立深厚的安全感、善待感和連結感。

分享經驗勝於互相競爭。在感情關係中，最好能跳脫競爭式的思維，不要老想著「贏了」、「輸了」或「得逞」。請考慮改成一種分享經驗式的思維。目標是要把兩人視為一組團隊，滿足雙方的需求，讓兩人都樂在其中。假如有一方在受苦，那麼很可能這整個二人組都在受苦，最好能介入讓每個人都能共好。比方說，可能需要提醒非高敏感族，不能只因為高敏感族的一方會變得情緒激動，就想方設法要逃避某些主題。這些情緒需要空間來加以處理，而高敏感族也需要學習應付情緒上的波動。高敏感族可以**既**有強烈的情緒高低起伏**又**安然處之，甚至在有效處理情緒後，變得再更安然。這過程所需要的時間，很可能比非高敏感族所需的時間來得長，但這樣也是完全OK的。

用意明確的單飛時光。並不是所有活動都一定要兩人一起進行。假如喬登喜歡去高音量的演唱會，而阿詠喜歡晚上安安靜靜窩在家裡，那麼這對伴侶各自分別安排一些活動也是很合理的。用意明確地區分哪些事情要一起做、哪些事情要分開做之後，喬登和阿詠才有可能維持在相同的步調。把活動依據「兩人一起」、「找朋友相伴」，和「自己一個人」來分門別類，是很有幫助的。偶爾一起同樂，譬如阿詠陪喬登去演唱會，或喬登陪阿詠拼拼圖，同樣也很重要。向對方說明為什麼某些活動對你很重要，並了解為什麼你的伴侶會那麼熱愛他所熱愛的事，非常有利於減少內心的埋怨，能讓自己覺得被伴侶看見了和在乎了，也能幫助你的伴侶釐清他自己喜好事項的優先順序。以尊重的態度用意明確地溝通，並鄭重地共同做決定，可讓雙方的需求都獲得考量。

規劃美好的體驗

　　規劃活動的時候，請把你和你伴侶兩人的感受和需求同時都考慮進去。你所規劃的活動，最好是兩人都能在各自的能力範圍之內參與。需要滿足各自什麼樣的需求，好讓各自及二人組都能盡情享受這一天呢？

　　問問你的伴侶：〔活動〕過程中，你需要怎樣才會覺得這是一次美好的體驗呢？

　　問問你自己：我需要怎樣才會覺得這〔活動〕是一次美好的體驗呢？

　　腦力激盪思考過這些問題以後，請參照以下這個基本樣板。

1. 提早安排

● 　關於健康，你們各自有什麼樣的需求？

● 　關於環境，你們各自有什麼樣的需求？

● 關於情緒，你們各自有什麼樣的需求？

_____

_____

_____

_____

● 要是出現突發的需求，你們有什麼樣的備用方案？遇上這種需求，你們各會
有什麼樣的反應呢？

_____

_____

_____

_____

● 各自所注重的優先順序是如何？

_____

_____

_____

_____

2. 體驗

● 請關心一下你自己和你的伴侶。

● 大家都還好嗎？有沒有什麼需求正在浮現？

_____

_____

_____

_____

● 如果有，有辦法讓備用方案派上用場嗎？或如果是意料之外的需求，你們有辦法合力想出解決之道嗎？

_____

_____

_____

_____

_____

3. 事後評估

● 這次體驗中，哪些部分很順利？

_____

_____

_____

_____

● 有哪些部分你下次想換個方式？

_____

_____

_____

_____

_____

● 別忘了，失誤是一定會發生的。回顧和正視這些失誤時，請盡量不要怪罪你的伴侶。

　　這個小練習就像這本書中的許多其他小練習一樣，你會隨著時間越來越上手。等你越來越習慣三不五時關心一下你自己和你的伴侶以後，你就能找出舒服的步調，去更盡情享受各種體驗，這樣說不定還會有額外的好處——讓你和你的伴侶變得更親密。

有效溝通

　　假如你和你的伴侶有著良好的溝通模式，以下這小練習會簡單很多。你和你的伴侶討論這個小練習時，請力行以下這件事：

● 你回答問題的時候，請讓你的伴侶把你的回答內容，用他的方式重新講一遍給你聽，你對於對方也是一樣。不是像鸚鵡那樣一模一樣複述，而是要確認你真正明白了對方所說的內容。

　舉例A：伴侶一：「我知道我有一項生理健康方面的需求，是每隔兩、三個小

時一定要吃個小零嘴，才不會變得愛發牢騷或坐立不安。」伴侶二：「很好，那麼我們身上一定要攜帶足夠的食物，這樣你有需要時就有東西可吃，而我要是想吃零嘴，也不至於必須跟你搶。」

練習：請把這個橋段當成一個例子，想一想你的伴侶最近跟你說過他的什麼需求，然後練習用你自己的方式把那內容重新寫出來：

> **密技訣竅：**你給予反饋時，請用「我」作為稱謂，你收到反饋時，則用你自己的方式重講一遍。

舉例B：伴侶二後來變得有需要穿伴侶一的外套。事後評估時，伴侶一說：「你後來有需要穿我的外套時，我覺得很生氣，因為這是我事先設想好的。將來，我希望你自己也能帶件外套，這樣我們倆在需要的時候，才都有外套可穿。」伴侶二：「你感到挫折，我能體會。我知道我通常不需要外套。但在將來，我可以自己帶外套，這樣我們倆在需要的時候，才都有外套可穿。」

練習：請把這個橋段當成一個例子，想一想你或你的伴侶最近提出過什麼樣的反饋。請用「我」作為稱謂，在這裡把那內容重新寫出來：

承例子B，以下是伴侶一對伴侶二反饋用詞不佳的舉例：「你好自私。」「我整晚冷得要命，都是你害的。」「你上次也是這樣穿走我的外套。」

練習：你也曾對你的伴侶做過這類的事嗎？如果有，請利用舉例A和舉例B所強調的技巧，把你的某次經驗以較佳的用詞重新寫出來。

想學會這些策略，有可能很不容易。假如你發現自己溝通起來很吃力，或你和伴侶長久以來已累積不良的溝通模式，請考慮向婚姻治療師尋求協助。假如你才剛開始投入一段長期的專一感情關係，不妨提前部署，接受婚姻治療，學習一些工具，以有效預防和應對彼此間的衝突。可把這想成是開始健身前，先向個人專屬教練諮詢，就能在排定健身課程前先學習正確的方式，而不是等到後來受傷了才想求助。治療，是在事前和事後都可以進行的。

常見的挑戰

溝通困難時，很容易就動起肝火，防衛心變得很重。請互相提醒，你們很在乎彼此，都在想辦法理解彼此，好讓各自都能有正面的感受。你可能會想「那還用說」，但溝通困難時，如果你所在乎的人，能明明白白把這樣的話說出口，是可以大幅降低焦慮感的。兩人最好能一起營造一個分享、處理和解決問題的空間。

對伴侶為高敏感族的非高敏感族而言，時時要「處理」資訊，有可能是一件困難或累人的事。以用意明確的方式去處理負面的情緒或經驗，並把處理的過程局限在某種活動或一定的時間內（例如在你下班回到家的一個鐘頭以內，或出門散步的時候），是很有幫助的。事後，請刻意用心把注意力，切換到正面的話題或表達感謝的小練習上，這樣有助於緩和處理負面經驗所衍生的疲累感。

替高敏感族處理負面經驗時，可問問他們怎樣比較有幫助。他們需要被認可嗎？需要被理解嗎？還是需要解決之道？只要不確定時，就問一問吧。高敏感的當事人也許不知道自己需要的是什麼，但你如果開口提問，恰好可以藉此表達你在乎和願意協助的心意。如果你是這段感情中高敏感的一方，可提前主動告知你的需求。假如別人能預料你的需求，固然很美好，但你的伴侶並沒有辦法知道你需要些什麼，所以學習開口，對你們雙方都有好處。請記得要讓這些問題和設身處地的著想變成是互相的，這樣才有空間兼顧到雙方的需求。

高敏感族的負面經驗有時需要一再反覆處理，這有可能讓非高敏感族吃不消，他們可能會很想脫口說出「這件事我們不是早就討論過了嗎？」這類的話。學習以不怪罪的方式討論彼此的差異，是很重要的。高敏感族縱然有比較多的需求，也不代表他們就握有優先權。假如你的伴侶對海鮮過敏，（但願）你並不會為此對他發脾氣。你會找個能讓他安心用餐的餐廳。你想吃魚的時候，你會設法約朋友一起去，並會把這件事先知會你的伴侶。假如你是對海鮮過敏的一方，可以在你的伴侶特別找可安心用餐的餐廳時，向他表達感謝之意，並以理解的態度看待他和朋友一起去吃魚。時間將讓人一再看到，清楚的溝通和折衷的做法，是感情關係的立足基石。

管理罪惡感和羞愧感

　　高敏感族經常會欲言又止，因為對自己的情緒反應和需求，感到罪惡、羞愧，或尷尬。這往往和先前被人說他們太敏感或反應過度的經驗有關。營造一個安心的空間來分享心事和減少批判，是更深度認識彼此很重要的一環。

　　哪些情緒會使你不敢把自己的擔憂告訴你的伴侶呢？

☐　覺得自己像個負擔

☐　害怕被拋棄

☐　對自己的極限感到氣憤

☐　感到軟弱無能

☐　想要融入

☐　害怕被排拒

☐　害怕被嘲笑

☐　回想起一段痛苦的回憶

☐　處於不堪負荷的狀態，導致無法清楚思考

☐　因為分心了，而沒傾聽你的身體（例如玩得太開心了）

☐　其他：＿＿＿＿＿＿＿＿＿＿＿＿＿＿＿＿＿＿＿

你的這些感受，能夠告訴你的伴侶嗎？為什麼可以，或為什麼不行呢？

＿＿＿＿＿＿＿＿＿＿＿＿＿＿＿＿＿＿＿＿＿＿＿＿＿＿＿＿＿＿＿＿＿＿＿

＿＿＿＿＿＿＿＿＿＿＿＿＿＿＿＿＿＿＿＿＿＿＿＿＿＿＿＿＿＿＿＿＿＿＿

＿＿＿＿＿＿＿＿＿＿＿＿＿＿＿＿＿＿＿＿＿＿＿＿＿＿＿＿＿＿＿＿＿＿＿

＿＿＿＿＿＿＿＿＿＿＿＿＿＿＿＿＿＿＿＿＿＿＿＿＿＿＿＿＿＿＿＿＿＿＿

如果你發現自己在這段關係中，經常在避開自己脆弱的部分，請想一想為什麼會這樣。難以和別人交心、難以處於一種脆弱的狀態，或難以忍受不順利的溝通，都意味著接受治療可能會有幫助。另一方面，假如你無法在你伴侶面前全然做自己和展現自己脆弱的一面，也請思考這段關係對你是否真的行得通。最後，請記得，你的伴侶並非來自你的原生家庭，因此你可藉這個機會創造和你從小到大完全不一樣的全新樣板。這有可能需要時間，也可能需要緩慢、反覆地付出努力面對脆弱的部分，來開始打造良好的經驗，和創造新的相處模式。你和你的伴侶都將會調適自己，適應新的連結和溝通方式。

求助

替自己發聲，牽涉到學習如何開口求助，和認清自己的極限。在感情關係中，人很容易就把自己未能被滿足的需求，視為伴侶的過失。請練習把不佳的陳述方式加以修改，減少它們的怪罪意味，並增加彼此合作的感覺。請用「我」為稱謂作開頭（我感覺如何？），陳述出你的需求，然後在結尾提出你建議的合作方法。

舉例

高敏感族覺得：自己對另一方的行為感到不堪負荷。

不佳的陳述方式舉例：「我需要你現在就閉嘴。你讓我覺得不堪負荷。」

● 以「我」為稱謂且能減少怪罪感並提升對方合作感的陳述：「我現在感到不堪負荷。我需要一分鐘時間整頓思緒，才能用有意義且有幫助的方式討論這件事情。」

練習

不佳的陳述：「我需要家裡再更乾淨一點，而且我已經把我的東西都清乾淨了。」

- 換個方式陳述：

_____

_____

_____

_____

不佳的陳述：「我每個星期需要一次獨自待在家裡的時間。你能不能每星期六晚上都出去？」

- 換個方式陳述：

_____

_____

_____

_____

不佳的陳述：「我需要我們別天天吃垃圾食物。這樣對我們很不好。」

- 換個方式陳述：

_____

_____

_____

_____

不佳的陳述：有什麼話或字眼，是你經常會對你的伴侶說出，且有改善的空間：

● **換個方式陳述：**

_____

_____

_____

_____

　　合作的心態，有助於讓你們跳脫競爭式的輸贏模式，彼此不會再只想爭權奪勢。你們反而能採取一種團隊合作式的取向，優先注重兩人的共好，建立一個安心且互相支持的連結模式。精進你在感到脆弱時的陳述方式，十分有益於設定這段感情的整體基調，營造你和伴侶之間的信任感和安全感。

回顧過去經驗

　　你在童年時期所學到的事，會成為日後你用來理解世界的樣板，可以是溝通的模式、自我價值感，或對感情關係的期待。高敏感族可能會把自己的過去，當成在感情關係中不要做之事的借鏡，但心目中對於正面的感情關係，卻沒有個具體而清楚的樣板。不論你父母是經常起衝突，還是從來不在你面前吵架，你可能都會把衝突和負面的感情關係聯想在一起。為了避免衝突，高敏感族可能會把自己的需求降到最低、多安撫別人，或在感情關係中尋求阻力最小的路徑，好讓關係保持「正面」。不過，選擇避免衝突，可能導致一些副作用，如憂鬱、怨恨、低自尊，和感到孤立。

　　你並不是你的父母，而且你也並不是非要有一段和他們一樣的感情關係不可。你父母可能經常起口角，使當時身為高敏感孩子的你倍感壓力，所以你把這種

類型的衝突視為不好。但你父母也可能本身就喜歡快速而直接的反饋，有話就會直說，說完就會放下。反過來說，他們也可能從來不曾在你面前吵架，彼此關係卻冷漠又疏離。簡單來說——這世上健康和不健康的感情關係都有千百種。所以，觀摩你父母和彼此，以及／或和其他伴侶的相處方式，是不錯的參考——不是要評斷他們，而是藉由他們來想一想，是哪些部分適用於你自己的感情關係。在此要明確說出的是，肢體暴力絕對是感情關係中不可接受的一種衝突。假如你目前正遭受暴力對待，或之前曾受過直接或間接的影響，請尋求協助。

給予和接收反饋

關於從小到大你父母和你溝通或管教你的方式，你多半應該是別無選擇。高敏感族往往便會在內心認定，自己無法改變別人對他們說話的方式。這有可能導致高敏感族索性一概避免反饋，或索性在不健康的溝通模式裡逆來順受，因為他們也不知道還能怎麼辦。請為你自己和你的伴侶探索以下這些問題：

● 你比較喜歡當下就反饋，還是每隔一段時間定期反饋？

_____

_____

_____

_____

● 你喜歡反饋直截了當到什麼程度？是最低限度的簡短糾正，還是奧利奧巧克力夾心餅乾式的糾正（例如先稱讚好的部分、提供糾正，再稱讚好的部分）？

● 你從小到大，你的父母或照顧者是怎麼給予反饋？

_____

_____

_____

_____

● 根據過去的經驗，有沒有哪些說法最好能避免或修改？

_____

_____

_____

_____

● 你需要你的伴侶怎麼做，最能使你覺得被傾聽和被理解？

_____

_____

_____

_____

- 你如何能在某些議題上接受彼此的歧見？

  問問你自己，是否非得要「是對的」不可。也就是說：

  這是否攸關某人的性命安危？

  這算不算一種煤氣燈效應（即刻意以操弄的溝通手段，使某人懷疑自己的記憶或知覺）？

  這是否會明顯改變某件事的走向？

  這一戰，值得嗎？

  _____

  _____

  _____

  _____

如果不是，在這個當下，你會選擇「當個對的人」還是「當個好人」？你們是否能夠對某件事持有不同見解，且依然願意寬容善待彼此？

  _____

  _____

  _____

  _____

　　了解怎樣適合自己和怎樣不適合自己，有助於你替自己發聲，並養成一種誠實反饋的風氣，幫助彼此成長。以用意明確而覺知的狀態經歷這些歷程，能加強你的主控感、感情關係中的信任感，以及適應的能力。

辨識期待

　　不妨來探索一下感情關係中的期待是如何形成的。請想一想以下這些事物是如何影響了你對伴侶的期待，和你期許自己是個什麼樣的伴侶。此外，請想一想性別、性別認同，和性別表達，在以下這些事物中，又是如何被看待。

- 媒體（電影、電視節目、歌曲、通俗文化）
- 信仰團體
- 原生家庭
- 擴大家庭
- 同儕的家庭
- 學校／教育
- 你從小成長的地方（國家、鄉下VS.都會環境）

現在請想一下，這些事物自從你兒時起，改變了多少（假如你成長於1960年代，或假如你成長於2000年代，這些議題被看待的方式是非常不一樣的）。你有哪些信念或期待，隨著時間而改變了？

_____

_____

_____

_____

_____

由此再次看到，了解你為什麼會以某些方式運作，有助於你刻意選擇哪些事適合你，以及哪些事是你想改變的。這可以幫助你，在符合你目前價值觀和人生目標的情況下，統整出新舊兼併的處世之道。盤點一下影響你的種種因素，可協助你在向前邁進時做出更周全的決定。

親情中的高敏感族

不論是高敏感族或非高敏感族，人人往往會出生在一個讓自己覺得格格不入的家庭裡。不論你是個出生在一個社交非常活躍的家庭裡的內向人，還是你是個出生在理工家庭裡的藝文人，在自己的原生家庭裡覺得自己無法融入，是很常見的事。於是，成長的開始，就來自於你漸漸能區分出什麼時候要和家人培養感情，又是什麼時候需要設下界線以照顧你自己。所謂界線是指，你和別人互動時，能讓你感到舒適的一些通則。

設定界線。 這牽涉到定義出你的極限和價值觀、有能力和別人溝通，以及在別人未尊重你的界線時，有能力以合理的方式做出回應。界線是一條漸層式的軸線，包括一端是通透的界線（導致工作倦怠和怨念），一端是僵固的界線（導致寂寞和斷離感），以及軸線中央、最為理想的成年人之人際關係的清楚的界線。根據人際關係的種類不同，以及你和對方相處時所感受到的安全感程度不同，你的界線在軸線上的位置也會不同。

小芙的家人聊起政治的時候，她的胃就開始糾結，腎上腺素瞬間飆高。她家人眼中的「熱烈辯論」，在小芙的感受卻是殺氣騰騰又傷人。小芙開始請家人不要在她在場的時候談論政治，並表示假如他們仍想聊政治，她將先行離席。這個例子

就是清楚知道什麼事是沒有助益的、向別人表達出來，並接受自己行為的後果。你不能阻止別人做他們想做的決定（他們仍將繼續聊政治），但你可以明確告訴他們，他們的選擇對你會有什麼影響，然後你再自己選擇對你而言最健康的事。

區隔界線。你的極限，和你家人的極限，必然有所不同。你的兄弟姊妹可能會覺得這類「熱烈辯論」是和家人增進感情和體驗人生的好方法。這便是為什麼多多認識和理解對方，是有幫助的。要對彼此好奇；你們就算不是持相同意見或各方面都一模一樣，也依然能關愛和尊重彼此。這樣你也比較容易守住你自己的界線。比方說，家人如果開始談論政治，小芙可以祝大家聊得愉快，然後告退離席，去散散步、早點就寢，或邀請不聊政治的人去隔壁玩桌上遊戲。這樣也是一種方法，可以不怪罪別人、不責罵別人，也不操控別人，又能讓小芙的界線受到尊重。

假如你有兄弟姊妹，你可能會發現，你們對父母的認識和感受是不同的。讓某個子女覺得鼓舞又振奮的事，在另一個子女眼中可能顯得專制又討厭。身為父母，這樣有可能令人喪氣，因為沒辦法讓每個孩子都凡事如意。在你有辦法的時候，可以盡量去調適，沒辦法的時候，就對你自己和你的孩子都寬容一些吧。

辨識界線

根據環境脈絡和互動對象的不同，你的界線也會有所不同，但認識自己的界線類型，有助於你開始表達界線，和把界線運用在生活中。界線可以是僵固的、清楚的，或通透的。請分別依「僵固」、「清楚」，或「通透」，練習評估和分辨這幾種不同的界線類型。

僵固：是冷硬而堅定的原則，有可能是用來限制親密感、優先注重安全感、預防被拒絕，或貶低別人。這種界線並不會考量別人，在別人感受起來，有可能是主觀、冷漠，或疏離的感覺。

清楚：清楚了解你自己需要或想要的事，同時又能理解別人需要或想要的事。你可以很自在地向別人說不，並在有需要的時候，能夠表達自己的立場。

通透：過度分享個人資料、難以向別人說不、貶低你自己的需求、過度重視別人的需求、為別人的情緒擔起責任、對於欺負或不尊重的情形態度消極被動、強烈害怕被拒絕或被拋棄。

_____ 有位同事聲稱，信仰宗教的人都是笨蛋，也不適合從事政治。他拒絕聽取其他觀點。

_____ 你和某人初次約會，對方談起自己過去的許多心理創傷，並請你幫助處理這些心理創傷，結果你一改變話題，對方就生氣了。

_____ 二度約會時，你和對方各自分享各自覺得可接受的肢體親密程度，以及心中對於繼續發展下去的期許。

_____ 一位新來的鄰居來敲你家的門，他想借用你的車子，並說要是你不幫忙，他的小孩就只能一直待在學校回不來，這樣會惹學校的老師生氣。

_____ 你的老闆跟你說，她是個「抱抱狂」，她期待所有員工打招呼時都要互相擁抱。

_____ 你跟你的伴侶說，你願意散步整整二十分鐘，假如他還想繼續運動，歡迎他獨自繼續運動。

把這些情境完成歸類以後，請問問你自己，其中哪些情境讓你覺得不舒服。能不能說說它們為什麼讓你覺得不舒服，還有它們各自越過了你的什麼界線？

_____

_____

_____

_____

常見的挑戰

高敏感族最常見的一項挑戰，就是在自己家中設定界線。想改變家中既有的體制，是很困難的。人通常不喜歡有人更動他們的生態系統。久而久之，這在家中可能養成一種風氣，說這位高敏感族很難相處、要求很多，或太敏感了。每當有任何人開始設定界線，就會產生漣漪效應。還記得小芙發現自己不太喜歡政治話題的例子嗎？小芙表達出自己的立場時，很可能她的家人一開始覺得被冒犯了、起了防衛心，或覺得不高興。他們可能會講些酸溜溜的話，如「不好意思噢，小芙。我不小心提到了總統。這樣有沒有犯法呀？」。想要改變事情很難，你改變的過程必然是不完美的。如果能有治療師支持你，或有擅長設定和表達界線的朋友能力挺你，可帶來意想不到的助益。

另一個挑戰在於，決定哪些活動值得你妥協參加，好讓你既能出席家庭活動，又能尊重你的極限。譬如可以是度假時，租下整棟民宿，讓全家人住在一起，因為你的存款不足以讓你既到當地旅遊又負擔自己的住宿費。有時候，完美的解決辦法暫時無法實現。遇到這種情形時，你不妨替自己規劃備用方案（例如去咖啡店或睡午覺）、縮減你旅程的時間（例如原本為期一星期的旅程，你只去三天），和尋求正面的宣洩出口（例如傳簡訊給支持你的好友）。

區辨你的界線

你原生家庭裡的角色和界線，會隨著人的年紀增長而改變。家人之間成年後再聚在一起時，你常常會覺得自己又被拉回兒時的角色和界線。隨著你年紀增長，關於你想要和需要如何和家人互動，用意明確一點有可能會有幫助。

現在來特別想一想你的家人吧，請思考一下你需要什麼樣的界線。只要有需要，你可以針對不同的環境脈絡和對象，重複做這項小練習。請把你的相關需求列出來：

時間：

_____

_____

_____

_____

情緒：

_____

_____

_____

_____

精力：

想法／信念：

金錢／物品：

　　假如你尚未明確分辨出某些需求，也就很難替這些需求發聲。自己私下先辨識和表達出這些需求，有助於讓你在向別人溝通這些需求前，就先把自己準備好。這也能幫助你了解，你哪些時候會因為界線被跨越了，而感到心情不好。

界線的挑戰

　　預先想一想可能會遇到的的挑戰，可幫助你在下次和家人相聚時，不會突然措手不及。用一點時間想一想和家人之間可能會出現的互動情形吧。關於你的界線，哪些時候有可能會發生衝突呢？這次，你又打算怎樣應對呢？請記得，文化因素，對於心中所懷抱的期待，可能扮演了相當吃重的角色，因此可能會需要依環境脈絡的不同，而採取不同的措施。

面對誰的時候，讓你覺得設定界線很困難？

_____

_____

_____

_____

_____

為什麼遇到這位對象時特別困難？

_____

_____

_____

_____

_____

有什麼樣的恐懼，讓你不敢說不，或不敢表達自己的立場？

_____

_____

_____

_____

你覺得你有什麼界線因此被冒犯了？

_____

_____

_____

你能採取什麼行動展開改變？

_____

_____

_____

_____

　　思考這些問題，有助於你釐清自己是否要或如何能向別人表達你的擔憂。假如你都還不太有辦法釐清衝突點是什麼、自己為什麼會因此不快樂，或需要採取什麼樣的措施，那麼解決衝突可能會更難上加難。你不見得總是能從家人身上得到你想要的東西，但看清楚自己為什麼會有某些感受，有助於你調適自己的情緒反應（例如憤怒、受傷、焦慮），並在和家人互動的期間或過後，滿足自己在自我照顧方面的需求。

回顧過去經驗

對於出生在不了解高敏感特質之家庭裡的高敏感族而言，很可能有一段漫長的非刻意傷害辛酸史。許多高敏感族可能常常經歷到在情緒上或感官上感到不堪負荷、困惑的感覺，或來自家人的傷人言語。處理這段過去可能並不容易，因為高敏感族可能在兩件事之間天人交戰：要麼這位高敏感族自己本身有毛病，要麼他的家人（但願不是刻意地）無法滿足他，因此他必須接受自己無法得到自己想要之家庭的事實，並自己撫平這個傷痛。

錯置的界定。高敏感族往往有一種預設心態，就是把負面的過去經驗，怪罪於自己，因為這樣能維持一種掌控感。這能帶來一種幻覺，認為只要他們能「修正」自己，他們就能得到自己夢寐以求的家庭關係。明明這個家庭並無暴力情事、能滿足基本生活需求，而且大家看起來似乎都相處融洽，卻要當作自己失去了這個家庭，還要自己撫平這個傷痛，有可能是一種令人感到陌生的概念。用「錯置」來界定這種情形，可以是一種不怪罪的理解方式，以明白為什麼高敏感族會這麼難以融入其他家庭成員之中。

自己選擇的家庭。人開始能放下自己原本想要擁有卻無法擁有的家庭以後，辨認出什麼是他們「自己選擇的家庭」（family of choice），或許可帶來益處。和這個詞相反的是沒有人能自己選擇的「原生家庭」。能增強力量的自選家庭一詞，是源自於泛同志社群和心理療癒社群。很多人在使用家庭一詞時，通常假定家庭是個支持性的環境，但這些人的原生家庭可能並非如此，他們深知被自己的原生家庭所排拒是什麼感覺。這個詞漸漸受到廣泛使用，如今許多社群，對於自己的原生家庭，如果感到一種喪失和期望落空的感覺，都會使用這個詞。建立一個能夠理解、重視，且尊重你界線和需求的支持性社群，可成為一種增強力量的方式，滿足你原生家庭所無法或不願滿足的需求。

建立你的自選家庭

處理落空的兒時願望，是一件很累人的大工程。你可以透過練習感恩，來平衡這個過程的辛苦。請用一點時間，列出你人生中的種種正面影響力，以及以各種大大小小方式讓你覺得自己被看到、被重視，和被理解的那些人。請記得，你自選家庭裡的人，也可能包括你原生家庭裡的人。

是誰……

● ……會注意到你不舒服，還會用言語或行動安慰你？

_____

● ……會讓你以不怪罪或責罵的方式，去感受情緒？

_____

● ……會鼓勵你要好好照顧你自己？

_____

● ……曾經稱讚過你的某個強項，而這個強項是你因為身為高敏感族才擁有的？

_____

● ……在你陷入低潮時，是你能夠聯絡的人？

_____

把你的支援系統拓展到你的原生家庭之外，可提升你滿足自己需求的能力。這也是你盡情享受快樂和各種情誼的一種好機會。

親子教養

請注意，以這本書的篇幅，沒有辦法對兒童發展和親子教養相關論述做全面而詳盡的介紹。不妨再參閱其他書籍，例如《孩子，你的敏感我都懂》（遠流出版，2015）。

為人父母，意味著要有所犧牲，以確保你的孩子能受到關愛、受到呵護，而且身體健康。你自己與你孩子之間的界線，在人生的最初那幾年，勢必通透的程度相當高，隨著孩子漸漸長大才越來越明確。身為父母，你是在教導孩子，如何在考慮別人的情況下也滿足自己的需求，這是在社會上有效運作的一組關鍵技能。你的輸贏之間，對孩子都是身教；示範如何容忍挫敗並繼續前進，是你給孩子至關重要的一課。

但你教導界線和與世界應對之模式的方式，將會隨著你孩子所處的發展階段不同而有所不同。在每個階段，你都有機會（a）為困難的情緒提供收納和支持，以及（b）塑造良性的應對和溝通方式。不論是什麼年紀，請提醒你的孩子，有情緒是完全OK的；請建立一種安全、一致，且穩定的感覺；用心傾聽孩子的感受；並信任孩子，賦予孩子權利去決定他們想要如何處理自己的經驗。假如你有孩子，現在的你一定知道，這真是知易行難，所以務必要規劃自我照顧的活動，並練習多多體貼善待自己。

以下是一些關於親子配對類型的思考題材，可幫助引導你和你的孩子一起思考。思考這些配對類型時，請同時參照第96頁和97頁表格內的資訊，以探索如何支持你的孩子。

高敏感家長與非高敏感孩子。你的孩子所渴望的刺激和活動，可能多過你所能自在提供的程度。你可能會發現自己經常感到不堪負荷，甚至可能對你孩子發脾氣或覺得心煩氣躁。請想一想你可以透過哪些其他方式（例如報名課外活動）滿足你孩子的需求。邀請孩子一起參與這個過程，問問孩子有什麼需要，並在設法滿足這些需求時，也教一教孩子如何解決問題。

非高敏感家長與高敏感孩子。你的孩子受到周遭的影響之大，可能經常讓你很挫折。高敏感孩子既脆弱，有時卻又不可思議地頑強。你沒辦法防止他們經歷到困難的情緒，但你可以幫助他們找方法去處理、適應，和管理那些情緒。有些人可能會說：「好吧，人生本來就很難，所以我不能嬌生慣養。」沒錯——一味防堵負面情緒，確實無法教孩子面對艱難的人生。但沒有先教孩子應對技巧、體貼善待，和認可支持，就直接把孩子丟進負面的情緒，將會導致不必要的負面情緒並阻礙發展。

高敏感家長與高敏感孩子。你很可能會從你孩子身上看到你自己的身影，也許綜合了驕傲、快樂、焦慮、困惑和難過。你可能會經歷到焦慮的感覺，因為認為你的孩子將會像你以前一樣，一路跌跌撞撞並把負面經驗內化在心中。請記得，你的孩子將會有他自己的經歷。請不時多關心一下他，而且請別認定你一定知道他內心是什麼感受，這很重要，這樣能給他空間，長成他自己應有的模樣。

	嬰幼時期	小學	中學
親子教養目標	● 協助孩子探索環境 ● 調節安全感——這個世界既可怕又安全；只給孩子看這軸線的某一端，是沒有幫助的	● 教孩子覺察到別人 ● 發展出各種學習技能和生產力的概念	● 發展出道德和倫理思維——協助孩子學習如何思考，而不是要思考什麼內容 ● 學習管理複雜的社交動力 ● 教導忍受複雜情緒的方法

高敏感考量事項	●進入新情境時，很可能會先觀察和保持沉默 ●受到過度刺激時，可能會大哭或鬧脾氣 ●學習調節和認可情緒時，同理心和情緒鏡射是很重要的	●可能會對決策的為什麼感到好奇 ●具體明確詢問孩子的想法和感受，可能會對孩子有幫助 ●關於在覺察自己和覺察別人之間取得平衡，可能會需要協助	●即將進入成年階段，孩子可能會感到不堪負荷 ●可能還不清楚什麼是壓力，或那是什麼感覺 ●可能會因友情破裂或失戀而特別受傷
措施	●協助孩子辨認和分類什麼是自己喜歡的／不喜歡的 ●協助辨認和分類各種情緒 ●練習深呼吸 ●溫和的伸展或活動 ●不堪負荷時休息一下 ●建立規律的作息 ●教導孩子對自己身體有主控權，和教導孩子有選擇感官輸入的能力──允許孩子對感官輸入或社交體驗說「不」 ●不時關心一下孩子，察看孩子的情形 ●利用0到10作為分數，評估情緒和經驗	●分別安排時間給安靜的遊戲（拼圖、閱讀、著色）和高音量的遊戲（公園、運動、桌上遊戲） ●事先跟老師溝通說孩子可能需要空間進行調適／參與前需要先觀察 ●排定分享心事的家庭時間 ●聊一聊面對不同對象時，如果需求有所衝突，要如何排優先順序 ●辨識出並支持學習上的需求（例如觸覺的、視覺的、聽覺的） ●如果即將有新的體驗，透過先深入描述環境和社交動力，幫孩子做事前準備 ●在家裡替孩子營造一個平靜、低感官輸入的用功環境	●深入聊聊對未來的目標和恐懼 ●建立支持網絡（精神導師、老師、大家庭、宗教領袖） ●辨識出壓力的指標和有壓力時的身體症狀 ●聊一聊自我照顧和自我照顧的方法，以管理壓力 ●和課外活動作連結 ●腦力激盪想想可能的選項，而不是一個指令一個動作 ●允許孩子體驗挫敗，並提供支持陪孩子走出來 ●聊一聊複雜的情緒、應對的策略，和挫折容忍力，以再試一次和從失誤中學習

為孩子塑造期待

固定的架構、可預測性，和能夠理解周遭的世界，對孩子是有益的。這都需要時間和精力，父母可能會感到吃力，對於同時從事好幾份工作的父母而言更是如此。練習本章先前提到的小練習「規劃美好的體驗」（第70頁），與你的高敏感孩子一起想一想怎麼安排計畫、進行體驗，再一起作事後評估，可望改善他們（還有你自己）在生活中運作的能力。孩子的年紀越小，你就會有越多的塑造要做，直到後來孩子發展出更多認知技能，孩子才能在這過程中有更多互動。這是個試誤學習的過程；每次進行這個小練習，都會學到新的東西。你的孩子將因為你的努力而受益，而你在持續嘗試新事物以學習更佳應對方式的同時，也是在塑造一個鍥而不捨的榜樣。

友情中的高敏感族

高敏感族可以是很好的朋友。他們經常對別人很貼心，會問候一陣子沒消息的朋友，也會問起和情緒有關的經驗。高敏感族通常配合度相當高，能夠進行深入而實質的對話，這有可能讓人感到如沐春風。話雖如此，高敏感族可能會期待非高敏感族的朋友也能以相同方式對待自己。假如有朋友無法回報以這麼高度的注意力，就可能會導致失望和怨恨的感覺。調整內心的期待，是維持友誼的關鍵之道。

假如職業籃球選手史蒂芬・柯瑞（Stephen Curry）到社區公園隨意找人組隊打球，並期待每個人都能打出美國職籃球隊的水準，那他一定要大失所望了。他甚至可能感到生氣——其他球員為什麼就不能更認真一點呢？高敏感族擁有較敏銳的中

樞神經系統和情緒覺察技能。不論非高敏感族多麼努力「更認真一點」，不代表他們就能做到你能做到的事。在你覺得很明顯、很基本，或很常識的事情，非高敏感族甚至可能根本渾然不覺。體認到這種特質是一種強項，並不會使你變得傲慢，但你以互相比較的態度向別人談這件事，就有可能是傲慢了。假如史蒂芬‧柯瑞也同意自己是個好的籃球員，他是否就傲慢呢？不會的。但假如他需要一再提醒別人他有多麼厲害，以及別人多麼技不如他，那人際上就會出問題了。

你的友誼是一種有限的資源，彌足珍貴，必須審慎分配。在別人有需要的時候雪中送炭、付出關懷，並用你自己也希望得到的方式付出給別人，有時是一劑強心針。但毫不區分地付出，讓界線都變得通透，會導致倦怠、怨恨，和憤怒。在長期的友誼或任何形式的人際關係中，總有些時候，事情會顯得不公平。目標不在於一種一對一的交換，而是覺察到一種善意的互相對待、感到被尊重，並能夠求助求援。

重點在於找到能和你一起討論差異，且彼此間能有良好界線的人。另外也要留意哪些朋友能滿足不同的需求。社會文化經常在傳遞一種訊息，說你應該要有一個最好的朋友，不論什麼事都和這位朋友一起做（關於愛情也有類似的靈魂伴侶訊息）。但這種不切實際的期望，無可避免會導致失望和受傷。

友情的超能力

高敏感族經常低估了自己對人際關係的貢獻。請用一點時間，透過勾選以下你所擁有的友情超能力，想一想你屬於哪種類型的朋友，以及你對友誼關係帶來了什麼貢獻。

☐ 能同理別人的種種情緒

☐ 講義氣，能勝任長期的友誼

☐ 願意努力化解衝突

☐ 是良好的傾聽者，能陪著討論、做出困難的決定──在考慮各種選項時，能把朋友的價值觀和需求一併考量進去

☐ 有能力解讀非言語的訊息，並做出對應的回應

☐ 因為富同理心，因此注意到別人不舒服或有需求未能被滿足時，你能快速反應和調適配合

☐ 願意深度投入，聊嚴肅的話題

☐ 比較不會心不在焉或草草了事（例如你和朋友出來還一直講手機）

☐ 能覺察到周遭環境的刺激和自身及別人的需求，代表你能規劃舒服而愉快的體驗

☐ 其他：＿＿＿＿＿＿＿＿＿＿＿＿＿＿＿＿＿＿＿＿＿＿＿＿＿＿＿＿＿＿＿＿

　　高敏感族很容易過度在意自己在人際關係中所佔用的空間，和低估了自己的貢獻。用一點時間辨識出你為一段友誼所帶來的益處，對於你的自尊和自信都是有幫助的。

常見的挑戰

　　在新的友誼中，拿捏你付出的程度，有時是很重要的。一般人會受高敏感族吸引，因為和你聊天似乎能讓他們感覺很好。這種感覺有可能很美好、讓人上癮，而且讓人覺得自己受到肯定──新朋友耶！隨後，這位朋友卻開始人間蒸發。高敏感族本人不禁左思右想老半天，納悶究竟是哪裡出了錯。這是高敏感族一種常見的經驗，也助長了「高敏感族一定是哪裡『有問題』」的誤導式思維。和高敏感族交朋友，對非高敏感族而言有可能構成挑戰，因為會被期待要真正交心。高敏感族可

能會希望彼此能釐清衝突，而不是忽視衝突，會在覺得自己不堪負荷時求助，並且會身體力行實踐自己的價值觀。假如有朋友只為求融入而似乎放棄了自己的價值觀，高敏感族會表達關切。非高敏感族可能會覺得這樣很困難也很累人，因此有不在少數的人會決定「這樣太過頭了，我不奉陪了」。唉，心好痛。

接踵而來的就是負面想法了：「但願我能放下就好了」或「但願我能別這麼敏感就好了」。實在太痛苦了。請切記，假如有人想要當你的朋友，他們會對你的需求抱持開放的心態。不論是友情、親情，或愛情，如果對方不想要投入一段良性關係所必須投入的心力，也並不是你的錯。你可以為這損失感到傷痛，但不需要攬上任何怪罪的感覺。唯有當怪罪能鞭策你更善待別人，和修補一段關係的裂痕時，怪罪才有實用性可言。但如果真想達成這個目的，對方必須敞開心胸分享內心感受，並一起投入修補這段關係才行。

盤點你的期望

人際關係中之所以出現負面情緒，經常可能是因為期望落空了。辨識出這些期望，以及它們是如何落空的，就是踏出正視這擔憂的第一步，並在關係中向前邁進。**請想一想你可能感到有點怨恨、失望，或不開心的幾段人際關係。你辨識得出是什麼期望落空了嗎？**

這個期望，以這位對象的能力來說，會不會不合理呢？

_____

_____

_____

_____

● 假如會，你能不能改變你對這段關係的期望呢？你的界線需要如何改變，才能繼續保護你自己呢？

_____

_____

_____

● 假如不會，有沒有方法能讓你和對方一起討論你的擔憂，並設法化解衝突呢？請記得，你不能期待別人讀透你的心思，就算看起來很明顯也一樣。

_____

_____

_____

　　如果你不喜歡衝突，也許很容易就會想要避免去正視一段關係中受傷或憤怒的感受。然而，長期下來，意味著這段關係已經不再是你能樂在其中並感到交心的一段關係了。這個支持網絡可能會淪於粗淺空泛，無法因應你的需求和擔憂。正視衝突儘管不容易，卻是打造深厚情誼的重要法門。

局限式執念的檢查單

　　高敏感族可能會讓過去的負面經驗，局限了他們以健康方式和別人建立情誼的能力。有哪些執念可能會阻礙你建立健康的人際關係呢？

- ☐ 要是我表達出自己的需求，別人會視我為負擔。
- ☐ 要是我說不，別人可能會拒絕我或拋棄我。
- ☐ 要是有人傷了我的心，而我明白表達出來，對方會不當一回事或瞧不起我。
- ☐ 我應該要為現有的朋友感到知足。至少我還能找這些人一起做一些事情。
- ☐ 唯有忽略我的需求、順應朋友的需求，我才交得到朋友。
- ☐ 其他：_____

　　這些執念可能是源自於先前的不健康經驗。另一方面，它們也可能是不切實際的恐懼，使你不敢追求更實質的友誼。不論是哪種情形，心理治療師或認知行為治療的習作書，都能幫助你釐清和化解這類局限式的執念。

回顧過去經驗

　　大多數的人一定都記得童年時期曾有被取笑過、被排擠過，或曾感到自己和別人不一樣的經驗。對高敏感族來說，這類回憶可能在內心變得根深蒂固、宛如真理，並形塑了他們的社會認同。你可能已經想到了一段至今仍令你想退縮的童年回憶。你深度的情緒處理方式，和你同理別人的能力，意味著你至今仍能夠感受到這段經驗當年所激起的一些強烈情緒。理想的情況是，你當時身邊就有一位家長或可信賴的大人，幫助你處理了和界定了這些經驗。倘若不是這樣，有許多高敏感族都受益於透過心理治療來處理這些過往的情緒，並找出新方法來界定這些回憶。這些過去的經驗，將會持續形塑你目前的界線需求，尤其是如果你深深記得在當時的一些友誼關係中，是別人的情緒使你變得不堪負荷。

重新界定過去

找出一些新的方式來界定和理解過去的經驗，是一種很有用的應對工具。請想出三段和友誼有關，且在某方面令人痛苦或難過的過去經驗。請釐清各段經驗是如何形塑了你對你自己的看法，並想出一個重新界定這段經驗的方式，讓你在繼續向前邁進時能更有力量。

舉例：

事件：未受邀參加傑西的派對

對自己的局限式執念：沒有人想跟我當朋友。

增強力量的重新界定：反正我就算去了那個派對，也不會覺得好玩。

1. 事件：

● 對自己的局限式執念：

● 增強力量的重新界定：

2. 事件：

_____

_____

_____

● 對自己的局限式執念：

_____

_____

_____

● 增強力量的重新界定：

_____

_____

_____

3. 事件：

_____

_____

_____

● 對自己的局限式執念：

_____

_____

_____

● 增強力量的重新界定：

_____

_____

_____

　　界定你生活事件的方式十分重要。假如你總是相信，沒有人喜歡和你來往，那麼獨處就成了一種令人沮喪的經驗。反之，假如你相信，獨處的時光能讓你在外出聚會時成為一個更好的朋友，那麼你就可以用不怪罪的方式，珍惜你自己獨處的時光。釐清和重新界定這些信念，可大幅增進你的心理健康。

在友情中了解你自己

　　回顧過去，是認識自己的一種絕佳方法，也能增進自我的了解和生活的品質。請特別想一想友誼（好的和不好的都包括在內）以及社交經驗──你需要的是什麼？以下這幾個問題可充當起頭：

● 你心目中最理想的朋友共度時光是什麼模樣？

_____

_____

_____

_____

● 你能在全然用心的情況下，和朋友相處多長時間？

● 你需要什麼樣的界線，才能限制所吸收到的朋友情緒？

● 和朋友溝通的方式，你最喜歡哪種風格？

● 什麼情況下，你會覺得一段友誼走不下去了？

盤點和思考友情中哪些部分適合你和哪些部分不適合你，和第二章環境評估的小練習很類似。把雜物堆清除掉、看看哪些東西適用，並套用新策略，能讓你對友誼有更正面的體驗，和朋友互動時，你也能做更好的自己。

　　　　　　　　　　　　　　　—— 本章重點回顧 ——

針對你人生中的每一段人際關係，想一想有哪些方式能平衡每一位當事人的需求。優先重視溝通、秉持好奇的心態，並採取不怪罪的解決問題方式，都是在人際關係中維持良性界線的好方法。請記得：

1. 界線可能會隨著環境脈絡、對象，和你當下的需求不同而有所不同。你和別人都有權依照自己的需求而對界線進行調整。

2. 請為你自己和別人，善用事前規劃、進行體驗和事後評估的正念小練習，來增加更多愉快的體驗。

3. 釐清差異並不等於要批判評斷，而是建立起暢通、真誠的溝通管道。

4

工作

由於高敏感族有各種需求在彼此互相競爭，因此工作經常可能衍生壓力。你一方面需要營造一個平靜、刺激程度適中的生活，一方面又需要賺錢謀生。在這些需求之間取得平衡的方式，可能會隨著你人生階段的不同而有所不同。這個歷程時時在進化，隨時觀照自己當下的狀態，有助於你在邁向目標時，做出深思熟慮而用意明確的選擇。在這一章，你將開始辨識出你投注在工作上的強項有哪些，以及可以運用哪些方法在工作的場合調節這些強項。此外，你將評估你工作上的痛點，以及可以運用哪些方法來正視或應對這些痛點。

高敏感族與志業

你界定工作的方式，會深深影響到你投入這項工作的意願程度。高敏感族通常渴望這「不只是份差事」。差事是一種手段，有明確目的——用勞力換取薪水。職業生涯的用意是在某個特定領域有所精進。為職業生涯而努力時，驅使你前進的是成長、學習，和未來的機會。志業（或天命）則結合了職業生涯和你的道德和倫理價值觀，動力來源是連結到你本身之外的某種事物。志業的例子包括助人的職業、和信仰有關的職位、環境保護、伸張立場，諸如此類。在思考你想要的究竟是差事、職業生涯，還是志業的時候，可以先從評估你的價值觀開始。

評估價值觀

請想一想下列各種價值。價值並非只有以下所列出的這些，不過一般人在做和工作有關的決定時，這些是很常見的價值。請記得，能夠選擇一種志業、職業生涯或差事，都是一種福氣。假如你此刻的處境，不允許你選擇自己的工作，請從未來選項或目標、你目前的工作角色，或所從事的非工作活動的觀點，來思考這些價值。請依照該價值影響工作的程度，在軸線上的對應位置打「✓」。

成就／成就感

極少有影響	偶爾有影響	總是有影響

環境／動物保護

極少有影響	偶爾有影響	總是有影響

幫助別人

極少有影響	偶爾有影響	總是有影響

創意

極少有影響	偶爾有影響	總是有影響

財富

極少有影響	偶爾有影響	總是有影響

體能活動

極少有影響	偶爾有影響	總是有影響

公平正義與倫理

極少有影響	偶爾有影響	總是有影響

對知識的追求

極少有影響	偶爾有影響	總是有影響

靈性成長／信念

極少有影響	偶爾有影響	總是有影響

健康

極少有影響	偶爾有影響	總是有影響

與家庭／工作以外之玩樂的平衡

極少有影響	偶爾有影響	總是有影響

我經常會考量的其他價值：＿＿＿＿＿＿＿＿＿＿＿＿＿＿＿＿

極少有影響	偶爾有影響	總是有影響

我經常會考量的其他價值：＿＿＿＿＿＿＿＿＿＿＿＿＿＿＿＿

極少有影響	偶爾有影響	總是有影響

透過這個小練習，你應該能看出，你的價值觀深深影響著你所做的各種決定。看一看是哪一些價值落入哪一種影響程度。有令你意外的項目嗎？這結果讓你有什麼心得呢？了解你的價值觀，可幫助你在做人生決定時，選擇契合你心目中重要事項的選項。這也能突顯出各種價值在哪些時刻會互相有所衝突，這樣能促進你了解與這方面相關的心情低落和悵然若失等感受。在接下來的小練習中，你將有機會看到你的價值觀是如何在你的工作上逐漸形成。

評估你目前的情形

思考過第111到112頁的價值以後，你現在可以來評估你的價值觀與你目前的情形，彼此契合的程度有多少了。上一個小練習中，影響程度最大的三種價值，是哪三種？請把它們填入以下的空白處。

現在請評估你目前的工作（不論是否有酬勞）或所嚮往追求的工作，是否契合你的三大價值（1 ＝不契合目前的工作到10 ＝完全契合目前的工作）。

價值1： _____

_____

        0   5   10

價值2： _____

_____

        0   5   10

價值3： _____

```
        0                  5                  10
```

請分開評估各個價值。

分數5到10

恭喜！你目前可以在你的價值觀範圍內運作，或你正在朝這個方向邁進。雖然最理想的狀態是10，不過人生中很少有事情能盡善盡美。只要是高於5，都代表多半的時候，你在養活自己的同時還能夠實踐這項價值觀，而這樣是一件很棒的事。

分數0到4

多半的時候，你的工作和這項價值觀是不契合的。

這個落差對你在情緒上、心智上，和／或生理上的影響為何？

_____

_____

_____

_____

是什麼因素造成了這個落差？（例如：家人施壓、經濟所逼、簽證狀態、對失敗的恐懼。）

_____

_____

_____

_____

假如你無法馬上找到新工作，有沒有什麼方法能把這些價值觀納入你目前的生活中？（例如：從以上價值觀的觀點重新界定你目前的工作、設定長期目標，或在工作之餘另找活動滿足這些價值觀。）

一生中的價值觀是流動的且會改變的，而且你最重視的價值，有可能會隨著環境脈絡和需求的不同而有所變更。每隔一段時間就評估一下你所追求的工作是否對你的人生有意義，有助於堅定你當初所做的選擇，或也可幫助你重新調整自己努力的方向。

常見的挑戰

高敏感族往往受到如「在工作和生活間取得平衡」和「關心別人」這類價值觀很深的影響。在做工作相關決定時，這也可能導致與非高敏感族之間起誤解和衝突。高敏感族在選擇工作時，經常會考量生活品質方面的因素（例如休假時間、同事的性格、公司的道德倫理觀）。所以要是高敏感族決定接下酬勞較低的工作，以便優先注重心智上、情緒上，和／或生理上的健康時，高敏感族身邊的人可能會不以為然。

高敏感族常常會尋求精神導師或心理治療師的引導，因為高敏感族在做決定的過程中覺得自己卡關了。猶豫不決時，別人的意見可能會在高敏感族內心裡百轉千迴——例如「這個大好機會，你要是沒把握，一定會後悔」或「你錯失了就是笨蛋」這類的意見。這類訊息會使高敏感族焦慮。能夠幫助你周全評估一個選擇的引

人深思提問，和帶有批評和評斷意味的提問，兩者僅僅一線之隔。

在做和工作有關的決定時，請審慎選擇給你建議的人。請想一下對方的決定源自於哪些價值觀（例如金錢），以及這是否契合你自己的價值觀（例如生活的品質）。可以把別人所表達的擔憂列入考量，並問問你自己是否有遺漏了什麼考量，然後把他們的擔憂放到你自己的價值觀裡進行評估。向各方不同可信賴的對象尋求建議的同時，也要保留空間給你自己的直覺。不論你最後做出了什麼樣的決定，務必要知道你為什麼要這麼決定。

請記住，和別人分享你做決定的過程，並不等於自己覺得有需要向別人證明你自己。假如你發現自己起了防衛心或覺得未受支持，請用一點時間想一想為什麼（比方說，你對你的決定是否不太有安全感，還是這些決定受到不必要的批評？）。邀請別人陪你一起做決定，會使你倍感脆弱；請選擇值得尊敬的人，而不是只會附和你的人。

關於環境的考量

你的居家環境可特別規劃以促進身心放鬆，同樣地，你的工作環境也可以特別規劃來提升你的表現。在第117頁，你會看到一系列的環境考量因素，用「非此即彼」的方式呈現，以協助你分辨自己的喜好。你可能會更想要在選項間取一個平衡，也就是蒐集實用的資訊加以應用。

工作的步調	期限很寬鬆	或	與時間賽跑
工作的性質	平平穩穩	或	刺激而起伏不斷
智力上的挑戰	我知道我在做什麼	或	我喜歡解謎
客戶互動	幕後工作	或	面對客戶
通勤	越近越好	或	要是我夠喜歡，我願意開車
薪資	固定薪水	或	變動，有機會賺取更高酬勞
時間行程	固定的作息和架構	或	多采多姿和奇遇
管理	明確的期望	或	自主和創意
噪音程度	噓，拜託	或	太安靜反而令人無法專心
認可	沒有反饋就代表好反饋	或	反饋能促進成長
分析式思考	請直接把我需要知道的告訴我	或	請給我資料，由我自己下結論
體能活動	很輕鬆，不費力	或	站著動來動去
創意	例行公事／可預期的	或	藝術能讓所有事情變得更好
創新	如果這樣可行，那這樣就好	或	改變是成長所必須的
多元性	少量任務／角色	或	多重任務／角色

有時候，把事情只區分成「非此即彼」兩大類，有助你分辨你原本沒意識到的喜好。這些答案不見得總是正確，但是能夠協助你更了解自己。

回顧過去經驗

依照你出生的環境背景不同，工作有可能被視為好玩而自願的追求、別無選擇的艱辛人生現實，或也許還算是介於兩者之間，工作品質和生活品質還算平衡。這種界定，會影響你求學的方式，和影響在你心目中哪些工作選項是足以維生的。假如你出身清寒，那麼找工作，可能就比較不在於獲取一種意義感，而在於避免經濟拮据的不安全感。相對地，假如你出身於經濟優渥的環境，工作的重點可能就在於獲取意義感了。

由於高敏感族會吸收自己周遭的環境和情緒，你很可能耳濡目染了不少隱晦的訊息，是你的照顧者（們）甚至自身都渾然不覺的。譬如，阿杰注意到他媽媽每天下班回到家都會先癱倒在沙發上一個鐘頭，然後才吃晚餐。他媽媽常說她非常喜歡當護理師和幫助別人。然而，阿杰注意到，他媽媽經常累得筋疲力竭，而且她會因為腳太痠痛了，而缺席週末的家庭活動。阿杰從很小就發現，他想要一個能讓他在體能上感到舒適的工作，這樣就不會錯過家庭活動。在這種情形下，阿杰是以直覺的方式開始發現到，他的價值觀和他媽媽的價值觀有所不同。

依據你間接或直接耳濡目染的訊息不同，你如果與你的照顧者（們）和原生家庭抱持互相迥異的價值觀，可能會讓你有衝突感。對許多家庭來說，這類衝突相當辛苦，但並不罕見。因此，多了解價值觀之間的差異，和這差異所產生的衝擊，對於你和你家人雙方都是彌足珍貴的。

早期的訊息

　　在這裡，你將回顧你從小成長的家庭，和它如何形塑了你對工作的看法。請想一下，關於工作，當時家人所使用的是什麼樣的語言。想想有哪些事是直接告訴你的，哪些事是你透過觀察而耳濡目染的。來探索以下的問題吧：

● **你家中工作的有幾個人？** _____

是否有照顧者在家裡陪你？ _____

關於工作和家人期望，性別是如何被討論的？

_____

_____

_____

● **金錢是如何被看待和談論的？**

_____

_____

金錢被談論時，是否被當成一種稀有資源？ _____

那些金錢是否為個人所有，還是被視為全家人所共享？

_____

- 哪些價值觀形塑了求職的考量？

_____

_____

_____

_____

從先前小練習所看到的你目前的價值觀，有哪些是契合你原生家庭的價值觀？

_____

_____

- 有哪些交織因素影響了你家人的工作經驗？（請考量：種族、信仰／宗教、社經地位、能力地位、世代、移民地位、偏鄉／都會工作機會、性別認同、性傾向、教育程度）

_____

_____

_____

_____

這些因素如何影響了職位？_____

這些因素如何影響了職場上的經驗（例如人際互動、升遷機會）？

_____

_____

回想一下有哪些事情是你從父母或其他家人身上間接學來的，可有助於辨識出潛在的一些執念。這些訊息和信念可能會形塑你在職場上的旅程，覺察到它們的存在是有助益的。

感恩重於強迫

回顧你的原生家庭和工作習慣時，很容易就低估你自己需要和想要的事。你在規劃未來並把家人列入考量時，不妨一一列出選項。假如你把家人所需的金錢放在某件你更重視的事情前面，心裡很容易累積怨恨。你永遠都握有選擇權。有些選擇的後果很劇烈，但依然不失是選項。記住自己是可以選擇的，可幫助你保有一種主控感，也有助於減少隨時間而累積的怨恨。

你的原生家庭對你職業生涯的選擇，影響有多少？

_____

_____

家人的意見和期望，讓你難過的程度有多大？

_____

_____

關於職業生涯的選擇，你用了哪些方式隱藏自己想要或需要的事以避免衝突？

_____

_____

是什麼原因使你不願和家人分享你的目標或渴望？

_____

_____

假如你選擇了家人所不喜歡的事情，你可能會面對什麼樣的後果？

_____

_____

以你目前的情形來說，你選擇怎樣繼續向前邁進？你此刻選擇優先重視哪些價值，
並且知道這些價值觀可能會隨時間改變？

_____

_____

　　家人可以既帶來支持又帶來壓力，這也包括你在做關於你未來之決定的時
候。多留意你是在什麼時候、用什麼方式，和你都跟他們分享些什麼樣的內容，可
幫助你管理不舒服的感受。

職場上的高敏感族

　　高敏感族經常會高度專注於自己任何可能有的缺點，這可能會導致他們低估和
忽視了自己在職場上的強項。有許多技能是高敏感族通常很擅長的，而就像在人際
關係上一樣，這裡的重點在於找出最適合你工作的部分。覺察到自己的強項，有助
於平衡負面的反饋，和幫助你在專業上有所成長。假如你聘用了一位高度敏感的人

士，請記得，認可對方的各種成就和強項，是一種可以好好利用的工具。被看到和受重視，是高敏感族的一種強大動力來源，非常有利於振奮士氣和激勵員工投入。

職場上的超能力

用一點時間想一想你的工作吧。想一想有哪些時候你覺得自己勝任愉快、能力很強，而且對自己的成品很滿意，不論這個例子感覺起來有多麼微不足道都沒關係。切記，你是有技能的，不論別人是否知道都一樣——請別害怕認可你自己。請把你認同的技能打勾，然後自己另外補充。

☐ 發現並修正錯誤

☐ 軟實力和人力管理

☐ 該工作所必備的特殊硬實力

☐ 高度的挫折容忍力（儘管受挫，仍能持續處理問題）

☐ 能看得出該領域的趨勢潮流

☐ 能預期客戶或老闆的需求

☐ 能透過鼓勵別人而提振士氣

☐ 願意和團隊合作，配合度高

☐ 能注意到細微末節

☐ 遵循規則並謹守道德規範

☐ 處在我理想的刺激狀態時，產能很高

☐ 其他：＿＿＿＿＿＿＿＿＿＿＿＿＿＿＿＿＿＿＿＿＿＿

● 你能為你的角色帶來什麼別人所無法帶來的事？

_____

_____

_____

● 這個工作中你最得心應手且最樂在其中的是哪部分？

_____

_____

_____

● 有沒有什麼方式，讓你在目前這個角色中，能更有效率地被派上用場？

_____

_____

_____

你也許無法替自己加薪，但了解你自己的價值是很重要的，尤其是別人無法或不願意看見你的價值時。了解你自己的價值並有能力認可自己，在職場上很重要，在其他領域也同等重要。受到賞識的感覺當然很好，但隨著你的工作場合和同事的不同，這種事不一定會發生。別害怕以你自己為榮。

常見的挑戰

許多高敏感族很享受也很珍惜自己工作的內容，但說到工作的環境脈絡，卻往往令他們感到吃力。被觀察注視、收到負面反饋、衝突，和環境中的壓力因子，都可能是職場上的挑戰。

人際上的挑戰。高敏感族被觀察注視時，往往表現最差，因此開放式的辦公室、上台報告，或年度總評，有可能讓高敏感族壓力特別大。一些有幫助的方法包括：在壓力大的互動之前和之後安排過渡的緩衝時間、和你老闆討論如何管理反饋，或提議在總評之後再開一個會後會，這樣你就能把口頭和書面的反饋帶回家、慢慢消化，然後如果有任何疑問或考量再帶回來繼續研議。

請記住，工作上的反饋並不是（也不該是）針對個人。它應該是關於你是否有充分完成你的工作任務。假如是建設性的反饋，應該要能夠讓你了解你的表現如何，以及你老闆要評估的是哪些具體行為指標。重新把焦點放在行為上，有助於你別陷入別人的情緒裡，並聚焦於你掌控範圍內的那些因子。

環境中的壓力因子。 你四周的環境有可能導致注意力難以集中、感官過度負荷和疲憊。對許多高敏感族都很有幫助的是評估自己的環境、評估什麼是他們掌控範圍內的事，以及評估自己能夠如何回應。假如頭上的日光燈會導致頭痛，你能不能自己帶一座檯燈來，或戴上濾藍光護目鏡？假如有噪音令你分心，能不能選擇戴耳機或耳塞呢？此外還包括你工作流程的架構方式。許多高敏感族覺得，不斷有電子郵件寄進來，是一件很令人分心且過度刺激的事。在你一天的工作流程中安插特定的收發信件時段是有幫助的，過濾電子郵件也是。你在置入因應的措施時，可盡情發揮創意。

與你天天相見的人

　　與你天天互動的人，可能對你的生活品質有顯著的影響。假如你曾經和個性非常強的人共事過，你應該就能明白，單單一個人就能提升或毀掉一個工作場所的文化。你可以用以下的這些問題問問自己，藉此評估一下你將來可能投入的工作環境。

同事之間視彼此為互相競爭還是互相支援？

_____

_____

_____

你在這個工作場所能看到多少多元性？關於多元性，請考量想法、文化、信仰、種族、能力、家庭類型等等。

_____

_____

_____

在老闆和員工之間，以及同事之間，反饋是如何給予和收到的？

_____

_____

_____

_____

同事之間看起來存在著什麼程度的友誼？

_____

_____

在這個工作場所中，什麼程度的友誼是讓你覺得自在的？（換句話問：在這個工作場所中，你希望界線僵固到什麼程度？）

_____

_____

即將和你共事的這些人，他們的管理風格是如何？

_____

_____

反饋的呈現是公開的還是私下的？

_____

_____

這些是你以後有可能信賴的人嗎？你的直覺怎麼說？

_____

_____

評估一份準新工作的人際關係動力，可以是面試過程中很重要的一環。你出席任何面試場合時，請記得，你也是在面試對方和蒐集資訊，以便做出更周延的決定。

轉換的過渡時間

從專業角色切換到私人角色，需要空間來解壓縮、轉換成不同的心境，和從累人的活動中恢復元氣。工作有可能同時既讓人虛脫又讓人滿足。用一點時間來想一想你關於工作的慣用轉換方式吧。

一天工作結束後，你目前是如何從工作轉換到私人生活？

_____

_____

_____

工作和私人生活之間，是否有一些界線較模糊，使你難以中斷連接（例如回到家裡以後也被期待要回覆電子郵件）？

_____

_____

你的工作有哪些層面會導致壓力很大？你目前是如何處理這些層面？

_____

_____

你能不能想出一、兩種方式，讓自己在轉換角色時能更刻意（例如開車回家前，先在車上休息沉澱靜思五分鐘）？

　　假如你缺乏足夠的空間和時間，好讓你能從你工作上使你透支的部分恢復元氣，或你無法管理這些部分，那麼職業倦怠可能會接踵而來，你甚至會想乾脆離開這個工作算了。察覺到透支的部分並及早想辦法，可讓你在目前的工作更能永續投入。

回顧過去經驗

　　對高敏感族來說，在工作的場合，過去的事情通常會以兩種主要方式浮現。首先，你生命早期的人際動力（亦即父母或兄弟姊妹）透過同事或老闆重演了。比方說，假如你的父母是很常批評的人，並會引起你高度焦慮，那麼從老闆那裡接收到負面的反饋，可能會引發你很類似的感受，不論你老闆的出發點為何。結果，你去出席會議時，你對那反饋的情緒反應和內化的程度，可能感覺起來會比你想像中更強烈許多。同樣地，你和兄弟姊妹之間曾經有過的競爭或敵對心態，也可能在同事之間重現。這些感受有可能使你難以區分什麼是「你的東西」（對批評的強烈感受）和什麼是「他們的東西」（你的老闆有失厚道）。如果想釐清這些錯綜複雜的情緒，心理治療是一種絕佳的工具。

　　另外，管理過去工作場合上的心理創傷，是高敏感族在工作場所的另一個常見課題。有時候是大寫的重大創傷（例如客觀創傷，像是性侵害），而有時候是小寫的創傷（例如主觀創傷，像是酸言酸語）。任何類型的創傷都會觸發交感神經系統進入「對戰─逃跑─原地不動」的模式。一旦把一個人的創傷根源移除之後，復

健的重點在於重新建立一種安全和信任的感覺。假如遇到一個刺激，讓人回想起過去的創傷，當事人可能很容易又被觸發回「對戰—逃跑—原地不動」的模式。由於你無法選擇你自己或別人什麼時候會被觸發回「對戰—逃跑—原地不動」的模式，因此請記得要多善待自己和別人，並在你的能力因該模式啟動而導致無法有效運作時尋求協助。

本章重點回顧

在大多數人的生活中，工作佔了很大的一部分，工作也可能是你覺得在選擇上主控感較少的一個領域。隨著你在人生旅途上前進，你和工作的關係也將時時不斷改變。在各種不同階段，不妨重新想一想以下這些事：

1. 身體力行你的價值觀，讓生活方式與你的價值觀保持一致，是感到滿足的關鍵。評估一下你目前的工作是否契合你的價值觀，並致力朝向提升一致性的方向邁進，有助於你在人生中達到一種圓滿的感覺。

2. 了解你的技能和價值，對內在的認可和自尊都是有幫助的。這也有助於對外的協商、表達自己的立場，和你職業生涯上的升遷。

3. 心理創傷有可能在工作場合上影響到你。假如你發現過去的經驗有礙你追求你想要的生活，請尋求協助。

Chapter

5

健康與自我照顧

你的身體是敏感的，它會依據飢餓、疲累，或不堪負荷而有所反應。身體的狀況不佳時，它會大聲表達，請求你好好照顧它。雖然這樣有可能不太方便，但這也表示你的身體時時都在給予你有用的反饋。請把你的身體想成是擁有良好的溝通技能，它想幫助你保持在最佳的運作狀態。本章將談到壓力會如何影響身體、正念的重要性，以及如何運用有效率的應對策略來達到預防式的照護。

高敏感族與健康照護

　　在身體受到過度刺激時，你對你的身體有所回應，對於你的長期健康十分重要。你受到過度刺激時，你的大腦認定你的人身安全受到了威脅，因而可能啟動你的交感神經系統（「對戰—逃跑—原地不動」模式）以確保你安全無虞。短期來說，這是一種極為有效的求生方法。倘若變成一種常態，就可能導致慢性焦慮了。由於高敏感族比較容易受到壓力和負面環境的負面影響，因此經常會經驗到焦慮疾患和病症（Goldberg et al., 2018）。

　　你的身體在應對慢性焦慮和壓力時，會時時分泌壓力荷爾蒙（例如乙醯膽鹼和腎上腺素），這可能會導致身體內慢性發炎和健康情形惡化，例如出現自體免疫方面的疾病（Pongratz and Straub, 2014）。你的交感神經系統越常受到激發，且激發的時間越長，就越難讓它平緩下來。假如你曾經因為家庭、工作，或學校，而經歷過心理創傷或慢性壓力，你可能會需要用更多時間來開始鍛鍊你的副交感神經系統，才能讓自己脫離「對戰—逃跑—原地不動」的模式。但這是有可能做到的！

　　心理健康和生理健康這種相輔相成的性質，是過去以來練習正念在醫療和社會體系中之所以越來越興起的原因（Greeson et al., 2018）。練習正念，就像靜思或瑜伽一樣，能啟動你的副交感神經系統。這就是為什麼你最近見過的每一位醫師、心理治療師或療癒者，應該都很推薦你開始練習靜思。這並不是要取代醫學治療，但這能讓你在追求健康時事半功倍。

　　由於你的身體比較容易受到壓力因子的影響，這也意味著治療可能會特別有效。這代表你可能更容易受某些藥物影響。許多高敏感族都反映說，自己要麼副作用的比例比一般高，要麼所需要的藥品劑量比一般低。此外，在睡眠、營養，和運動方面，維持健康的作息，是你保持健康的不二法門。比方說，有學者發現，運動有助於高敏感族緩解憂鬱的症狀（Yano and Oishi, 2018）。剝奪睡眠、常吃致炎食

物，和從來不運動，對於你的健康絕對是有害無利的。

請留意，有些生理情形有可能看起來很像是高敏感族特徵，例如鬆皮症（Ehlers-Danlos Syndrome，簡稱EDS），亦即一系列基因發生變異，而影響了結締組織。許多鬆皮症患者從小到大也常聽到類似的訊息（例如「你太敏感了」），並經歷過類似的感官不堪負荷，尤其是身體內的感官。事實上，鬆皮症患者大多表示自己敏感度很高，不過這方面至今尚無正式的研究。很重要的是別把任何健康上的症狀輕描淡寫成「我只是太敏感了」，並且務必要對你所經驗到的任何症狀，進行妥善的治療。

身體的覺知

多年來，身體被要求緘默、不准說出它想告訴你的話，於是學習傾聽你的身體，便成了一種需要培養或重新溫習的技能。在這個小練習中，你將開始重新和你的身體連結。請撥15到20分鐘給這個小練習。

1. 請找一個舒服的空間坐下來或躺下來。也許可以放點平靜的背景音樂，只要不會讓你分心就行。

2. 深呼吸。緩緩增加呼吸的深度，從淺度的胸口呼吸，漸漸加深成丹田呼吸或橫膈膜呼吸。請感受空氣填滿你兩側肺部，和呼氣時肌肉釋放和小腹放鬆的感覺。這樣重複10次。接下來過程中請繼續讓呼吸保持深層而規律。

3. 把注意力轉向你的身體。目的不是要批判或修正，只是要傾聽和留意你的身體都把壓力和緊繃儲存在哪些地方。

4. 從頭部（眉毛、上下顎、頭皮）開始，看看有沒有任何緊繃或不舒服的地方，你可能在那裡有累積的壓力。吸氣時，把緊繃感匯聚起來，呼氣時，讓

肌肉釋放掉那緊繃感。

5. 一面繼續深度呼吸，一面遊走你全身上下，用兩到三次的深呼吸專注在各個部位，每次呼氣都把緊繃感釋放掉。

6. 請掃描這些區域：

● 頸部	● 肩膀	● 上臂	● 下臂
● 雙手	● 上背	● 下背	● 腹部
● 臀部	● 大腿	● 小腿	● 雙腳

7. 掃描完最後一個部位後，留意一下你整個身體的感覺。你可能會感到疲倦或放鬆。透過環顧你四周的環境，讓自己回到現在。動一動手指和腳趾，讓身體緩緩醒來。

　　利用簡短、特意撥出的空檔觀照一下身體，可有助於調節焦慮、緩和交感神經系統，和及早發現可能出問題的區域。你越來越熟悉自己會在哪些部位以哪些方式累積壓力以後，就能開始提前關注這些區域。

正念的重點

請用一點時間想一想你的身體在剛才的小練習中想告訴你什麼事。

哪裡很緊繃、很累,或很痠?

_____

_____

_____

_____

有沒有哪裡感覺很躁動或不安?

_____

_____

_____

_____

假如有的話,有沒有哪個部位需要關注?

_____

_____

_____

_____

有沒有什麼事能緩解任何不舒服的感覺，而且是你今天或明天就能做的（例如做運動、泡熱水澡）？

_____

_____

_____

_____

有沒有什麼積年累月的疼痛或不舒服，需要專業人士（例如醫師、復健師、按摩治療師）長期追蹤照料？是什麼原因使你未能付諸行動實際加以診治？

_____

_____

_____

_____

　　每天或每週進行一次全身掃描的正念練習，是觀照自己身體的一種絕佳方法，也能及早回應需求，不必等出問題了才補救。

常見的挑戰

　　進行診療時，高敏感族最常遇到的一種挑戰，就是醫生不把這當一回事。醫生可能會不重視既有症狀的嚴重性和藥物的副作用。對許多高敏感族來說，無症狀的劑量（亦即極低的劑量）就已綽綽有餘，或是用藥或停藥的步調都需要更放慢許多。假如有醫生說你的擔憂是多餘的，或說你的症狀「在統計上的機率微乎其微」，那麼你有可能特別難以表達你的需求。

醫生這種不當一回事的態度，有可能變成是教你不要信任你的身體，也可能在你心中留下害怕、受傷，或不堪負荷的感受，而這些感受後來又變得和就診經驗連結在一起。這類負面經驗可能會導致你不願再尋求協助。高敏感族經常有能力感受到自己體內一般人所無法感受到的事情。學習信任你所經驗到的事，對於讓你接受到妥善合適的治療，是至關重要的。假如你對於自己身體的這種覺知已經變得生疏，那麼重新溫習這種覺知，將會是你重拾健康的旅程上很重要的一步。也請記得，醫生和藥物對你的幫助，有其本身的局限。譬如說，要是你發現自己食用麩質後身體狀況不太好，你對麩質的過敏檢驗結果卻呈陰性，這並不代表麩質不會影響你。在科學界可實測的數據，不見得總會符合個人的經驗，因此傾聽你的身體，並依據所傾聽到的內容回應你的需求，是一件只有你自己才能全然做到的事。在理想的狀態下，這包含了從可信賴的專業人士那裡獲取建議。

回顧過去經驗

隨著你就診旅程的不同，這旅程和你高敏感特質的交織性也可能有很大的不同。假如你既是高敏感族，又身處在一條慢性疾病的旅程上，那麼你過去的就診經驗中，可能存在著大量的主觀和客觀創傷。不論你的健康是大致良好，還是長期在健康上面臨挑戰，高敏感族常見的一個課題就是對於自己的健康情形感到難以啟齒，而這又常常和童年經驗有關。

許多高敏感兒童有可能久而久之認定自己的需求會造成別人的不方便。譬如說，假如你的照顧者在你生病時不得不請假待在家裡，或假如家裡經濟拮据，而看醫生成了一筆意料之外的開銷，你所內化的訊息有可能是你的需求是會添麻煩的，甚至對你家人是有害的。高敏感兒童可能會從照顧者的肢體語言或說話音調中感覺到照顧者的不悅，並久而久之認定自己的需求會造成別人的麻煩。結果，你可能就此學會了如何保持沉默、自己想辦法解決，和避免打擾你家裡的生活步調。長大成人後，往往很容易繼續延續這種模式，把別人的舒適放在你自己的需求之前，哪怕

會有損你自己的健康也一樣。目標是最起碼要把你自己需要或想要的事，視作和別人需要或想要的事為同等重要的。

回顧你一路以來的健康

對高敏感族來說，健康有可能是個令人不適的主題。用一點時間回顧你這一路走來的旅程，可以幫助你處理痛苦的經驗，讓你邁向接納和自我表達。

回想一下你一路以來的健康情形吧。這趟旅程，有兩大面向要評估：生理上的經驗，和你耳濡目染的訊息。請用幾分鐘時間，在一個平靜、樸實的空間坐下來，讓你的思緒在你的健康旅程這個主題上隨意漫遊。

請選出一段特別鮮明的回憶，在這裡簡短寫出來。

_____

_____

_____

_____

這段回憶，伴隨著什麼樣的情緒？

_____

_____

_____

_____

你是否還記得有哪些時候你縮減了自己在健康上的需求？

_____

_____

_____

或有哪些時候你輕描淡寫了自己的症狀？

_____

_____

_____

你當時輕描淡寫或縮減的動機為何？

_____

_____

_____

假如回到當時，聽到什麼話或經驗到什麼事，會對你有助益？

_____

_____

_____

在當時，哪些事情是有助益的（例如情緒上和生理上）？

_____

_____

_____

_____

你的家人都是如何談論健康？

_____

_____

_____

_____

你的交織身分對這些經驗可能帶來了什麼樣的影響（例如少數種族、身心障礙者、宗教信仰）？

_____

_____

_____

_____

_____

每當你生病，你需要的是什麼？

_____

_____

_____

_____

_____

　　身體因為敏感而有所反應，例如很容易就起蕁麻疹時，常常會令人感到不好意思或罪惡。評估你過去的經驗，有助於更了解能如何打理你如今的健康。不論別人是否理解或認可你的經驗，請記住，最了解你身體的人是你自己，本來就是你住在這個身體裡，而且，你用你所知道的最佳方式照顧它和你自己，是一件天經地義的事。

高敏感族與自我照顧

　　童年時期到成年時期之間的某個時候，可能有個轉折點，是你開始認為你應該什麼事都做得到。事實上，每個人都有自己的極限。高敏感族的經驗和非高敏感族的經驗，兩者的差異在於，忽視極限的後果對高敏感族來說，感受上會更為劇烈，尤其是牽涉到生理方面的極限時。有一個頗有助益的小練習是，讓你的身分感和身體之間，保持一點距離感。如果開始把你的身體視為一個單獨的實體，有如一個獨立的小孩，可有助於增進善待自己的概念。你並不會因為一個孩子覺得肚子餓

了或睏了就對這孩子大發脾氣；你會盡你所能去回應孩子的這些需求。不妨以類似的方式回應你的身體吧。每次只要有需求浮現，就是一次研習的好機會，讓你能學習如何更有效率地照顧你的身體。

你一面傾聽你的身體並予以回應時，可以一面發展出一些自我照顧的策略。依照你的文化背景不同，「自我照顧」一詞有可能是一大挑戰。自我照顧指的是以用意明確的行動，來幫助管理壓力、促進健康，和在你身分的各不同部分之間取得平衡。撥出時間運動、親近大自然、吃營養的食物，和睡眠充足，是人人都能受益的一些自我照顧方式。

其他一些自我照顧的方式則可能比較主觀。假如你的工作比較一板一眼，但你內心卻有滿滿的創意，那麼騰出時間從事美術活動或上美術課程，對你可能會很重要。假如社交活動讓你特別有壓力，那麼把每週外出社交的時間設個上限，或許便是一種自我照顧的方式。反之，假如和朋友相聚有助於管理壓力的程度，那麼每週安排一次聚會就可能是一大重點了。自我照顧可以依據開銷、時間，或所需的精力不同而有所不同，並可以依照資源多寡的不同而量身打造。

找出屬於你的動感

在如今的社會，可供選擇的運動課程不計其數，許多課程把重點放在高度的心肺訓練和最大化的熱量燃燒。這對某些人來說可能很棒，但並不是每個高敏感族都喜歡劇烈的運動、人多的教室環境，或步調很快的場合。請評估一下你需要的是什麼樣的運動作息和環境，然後設法找到它吧。

我發現運動帶給了我哪些好處？

_____

_____

_____

_____

_____

我運動的目標有哪些（例如增強體力、整體變得更健康、想跑一場馬拉松、減重或增重）？

_____

_____

_____

_____

_____

_____

以我的運動目標來說，多少運動量最適合我呢？（假如你才剛起步，請以漸進的方式增加運動量，並請考慮尋求專業諮詢）。

頻率：_____

每次的時間長度：_____

哪種類型的運動有助我感到踏實、有活力，又健康？

_____

_____

_____

目前如果想實際地規律運動，我遇到了哪些阻礙？

_____

_____

_____

_____

_____

假如我不運動了或缺席課程，會怎麼樣？

_____

_____

_____

_____

_____

我能如何重視這件事、視它為我醫療照顧的一環，而不是只把它當成一種可有可無的嗜好？

_____

_____

_____

_____

_____

運動有其醫療上的效用。適用於不同人的運動類型有百百種，但醫生和研究者都一致同意：讓身體動起來很重要。假如你平常沒有運動的習慣，可能要先嘗試幾種過後才能找出最適合的類型——也就是會讓你事後感到踏實又有活力、滿足又有元氣的運動方式。

滋補的營養

你攝取到身體裡的東西是很重要的。這是你身體的燃料來源，攝取到的營養素品質，將會影響到整個系統能良好運作到什麼程度。有個挑戰就是，適用於某人身體的東西，未必適用於另一人。

有許多高敏感族對食物很敏感。記錄你的食物並觀測食物對你有什麼影響，是一種對許多高敏感族都很有幫助的做法。以本書的篇幅，無法告訴你該吃些什麼東西；不過，可以利用以下表格作為樣板，記錄食物在生理上和情緒上讓你有什麼感受。

表格中也列了喝水的杯數，以幫助你記錄每日所需的水分是否充足，和這對你的感受會有什麼影響。

星期日

一天之中的時間	我進食前的感覺	所吃的食物	喝水的杯數	吃完當下的感覺	吃完3到4小時後的感覺

星期一

一天之中的時間	我進食前的感覺	所吃的食物	喝水的杯數	吃完當下的感覺	吃完3到4小時後的感覺

星期二

一天之中的時間	我進食前的感覺	所吃的食物	喝水的杯數	吃完當下的感覺	吃完3到4小時後的感覺

星期三

一天之中的時間	我進食前的感覺	所吃的食物	喝水的杯數	吃完當下的感覺	吃完3到4小時後的感覺

星期四

一天之中的時間	我進食前的感覺	所吃的食物	喝水的杯數	吃完當下的感覺	吃完3到4小時後的感覺

星期五

一天之中的時間	我進食前的感覺	所吃的食物	喝水的杯數	吃完當下的感覺	吃完3到4小時後的感覺

星期六

一天之中的時間	我進食前的感覺	所吃的食物	喝水的杯數	吃完當下的感覺	吃完3到4小時後的感覺

請用一個星期的時間記錄這些資訊，然後探索下列問題：

● 某些食物和某些情緒之間，是否有相關性？（例如我攝取了糖或咖啡因的二到三個小時後，是否會焦慮？我傷心時，是否有飲食過量的傾向？）

_____

_____

_____

_____

_____

● 是否有哪些生理症狀和食物有對應關係？

可能引起敏感而需要多留意的常見食物類型：乳製品、麩質、凝集素、茄屬植物（番茄、茄子等等）、加工糖類、代糖、酒精、加工肉品、調理油。

需要留意的生理症狀：感到緊張、心悸、心跳加速、顫抖、胃痛或不適、胃灼熱、盜汗、越來越餓、易怒、頭痛、倦怠、思緒混沌、注意力不集中、疲累。

_____

_____

_____

_____

_____

● 哪些餐點或食物能讓我感覺自己處在最佳狀態？

_____

_____

_____

_____

_____

_____

_____

● 我如何能多攝取這類食物？

_____

_____

_____

_____

_____

_____

_____

- 我目前所攝取的蛋白質、健康脂肪、膳食纖維、維生素和碳水化合物，是否充足呢？（隨著健康需求、運動、健身情形等等條件的不同，這部分會有很大的不同。請考慮尋求專業諮詢，以釐清你的需求。）

_____

_____

_____

_____

_____

_____

_____

_____

_____

　　食物是你的燃料，審慎嚴選食物能提升你運作的燃料，有助打好你每天成功的基底。在指引守則、樂在其中，和健康之間取得平衡時，這整個歷程也可以是很流暢自如的；只要記得常常關照你的身體，並用意明確地做選擇就行了。

常見的挑戰

　　假如高敏感族從小到大一直相信自己的敏感是不好的，那麼有助於安撫這些敏感感受的自我照顧舉動，很容易就變得和羞愧感連結在一起。假如你身邊的人對你自我照顧的需求抱持批評的態度或不了解這些需求，那麼有可能更加深這種連結。

　　比方說，如果你需要九個小時的睡眠時間，你的同事可能會說：「哇，已羨慕，但我有太多事情要忙了。」這句話的言下之意是，你要是像這位同事一樣那麼重視工作，你就不會睡那麼久了。高敏感族有可能因為優先注重睡眠，而被認為是

「虛弱」、「懶惰」，或「自私」的。別人回應你自我照顧的方式，與其說是在描述你，其實更多是描述了他們自己。這位同事可能對你這樣善待自己的做法感到怨恨，而且他還沒想出如何才能照做。他這番評斷式的言語，並不是你需要投入的一場戰役，他自我照顧的方式也不是。你只能打理好你自己的行為和選擇。

另一個常見的誤解是，自我照顧是有錢有勢的人才有的專利。雖然金錢可增加某些自我照顧的選項，它卻不是自我照顧的必備元素。有很多你可以採納運用的刻意做法都是低開銷或免費的。以既有的資源過活，並避免和別人做比較，也都是一些自我照顧的方式，因為這樣可以讓你活在當下，為自己所擁有的事物心存感恩。

用自我照顧許一個更有效率的你

自我照顧並不是一種墮落、自私的行為。它反而是生活中一個可帶來力量且不可或缺的一環，能讓你成為更好的自己。廣義來說，它還能讓你把別人照顧得更好。你在持續認識你自己的同時，請考慮規劃一些和你自己的「約會」，好讓你能繼續加深對你自己的了解和欣賞你自己。以下是一些免費或低開銷的約會例子和自我照顧小練習。這星期就挑一個來試試吧。

- ☐ 去一個新地方喝咖啡
- ☐ 去爬山或踏青
- ☐ 安排一個晚上窩在家裡追劇
- ☐ 小睡片刻
- ☐ 泡熱水澡、點蠟燭，並放舒緩的音樂
- ☐ 進行一次有引導的靜思冥想

- [ ] 寫札記
- [ ] 去購物中心或公園裡看人來人往
- [ ] 畫畫或著色
- [ ] 準備這一星期的食材和餐點
- [ ] 規劃或清理一個你固定會使用的空間
- [ ] 排個固定時間做個溫和的伸展操
- [ ] 一一列出值得感激的事項
- [ ] 嘗試一種新的彩妝、髮型或造型
- [ ] 跳舞
- [ ] 觀看你兒時最愛的電影
- [ ] 吃早餐
- [ ] 收聽podcast節目
- [ ] 觀看網路上的教學,學一種新技能
- [ ] 把你的手機關機或調成「請勿打擾」模式一整個晚上
- [ ] 做個好吃的烘焙點心
- [ ] 和寵物或厚棉被窩在一起
- [ ] 打電話給朋友
- [ ] 寫一張感謝卡或小箋給某人
- [ ] 去你附近的圖書館借一本書出來
- [ ] 很多博物館和美術館有免費入場日——研究一下,排個時間去參觀
- [ ] 找一天早一點起來喝你最愛的熱飲

你最喜歡的自我照顧方式有哪些？把其中一、兩種方式實際進行了幾星期後，假如你發現對你的身心健康有產生變化，是什麼樣的變化呢？

_____

_____

_____

_____

_____

_____

_____

_____

　　認識你自己，就像認識任何人一樣，需要時間和空間。認識你自己和照顧你自己，是完全可以的，甚至是好事一樁。最終，這將會讓你成為一個更好的朋友、伴侶、手足、員工等等──對大家都是有好處的。

優先注重睡眠

睡眠是維持良好健康所不可或缺的。大多數的成人每天晚上最好能有七到九小時的睡眠時間，但這情形因人而異，有些高敏感族可能會需要將近十個小時的睡眠（尤其如果把睡眠前後的轉換過渡時間算進去的話）。從壓力大或生病的情境恢復元氣時，你也會需要額外的睡眠時間。良好的睡眠維護方式包括：

- 固定的入睡和醒來時間（包括週末）
- 上床前的一到兩小時把螢幕關掉
- 有固定的就寢流程，以告訴你的身體，今天到此告一段落
- 白天時讓自己照射自然光，以促進晝夜節律（無法照射自然日光的人，不妨試試藍光療法）
- 假如你睡眠會因酒精、糖分，或咖啡因等物質而受到干擾，請降低攝取量

假如你已身體力行良好的睡眠維護方式，卻持續感到疲倦，或每天早上起床都很吃力，請尋求醫療協助，因為這可能意味著潛在的健康疑慮。

回顧過去經驗

高敏感族和非高敏感族經常把自我照顧和自私聯想在一起。這來自於交織式的文化訊息，會導致人對自我照顧產生罪惡和羞愧的感覺。由於高敏感族對直接和間接的訊息特別敏感，他們更容易把罪惡和羞愧的感覺深刻地內化。請記得，在你和撫養你長大的任何人之間，會有世代上和文化上的差異。這一層意識能幫助你，在回顧你成長過程中自我照顧是如何受到討論、形塑，或評估的時候，留有一個善待你自己和別人的空間。

如果要舉一個間接負面訊息的例子，可以是在宗教環境，你被教導設想時永遠要把別人放在你自己的前面。然而，從實務來說，這樣無可避免會導致心灰意冷的感覺，並削弱你照顧別人的能力。如果要舉一個間接訊息的例子，就是觀察你的照顧者是如何進行本身的自我照顧。假如以前你有家長是身兼兩份工作，而且犧牲自己的食物、健康、睡眠和舒適，這樣有可能在自我照顧這件事情上，傳遞出令你困惑的訊息。如果你目前本身就是一位照顧者，請考慮在建構自我照顧這個概念時，邀請你的孩子陪你出門散步、一起安排一場電影之夜，或走進大自然。

自我照顧vs.自私

罪惡感和羞愧感有時很快就偷偷鑽進來，把你為照顧自己所付出的心血毀於一旦。認清楚到底什麼是自私，以及哪些事能幫助你當一個更好的朋友、伴侶、同事或家人，有助於排開關於自我照顧的負面執念。

有哪種自我照顧的方式，經常在你心中留下罪惡感？

_____

_____

_____

_____

_____

_____

假如人在做的事情是會冒犯別人的、違反規定的，或對別人有害的，那麼罪惡感便有其功能可言。你這項自我照顧的方式，為什麼有可能被認為是對別人有害呢？

_____

_____

_____

_____

_____

　　請記住，對某人缺乏益處，不等於對此人有害。比方說，你的伴侶可能會說：「假如你要睡九個小時，你睡著後我會很寂寞。」你的伴侶有人陪伴固然是好事，但他的社交需求和你的生理需求是兩回事。

反過來說，這種自我照顧的益處是什麼？（舉例：我休息充足的時候，和伴侶相處時我心情比較正面也比較投入，我在工作上的表現比較好，我覺得比較自信，而且我也比較少生病。）

_____

_____

_____

_____

你在衡量你自我照顧方式的益處與弊處後，益處有沒有多過弊處？

_____

_____

_____

_____

_____

假如沒有，是否有其他可能更有效的自我照顧方式？

_____

_____

_____

_____

_____

假如有，你是否認為，一個朋友該為了因為力行這些自我照顧方式受益而感到罪惡
呢？那麼你能否把這相同的寬容心態，也延伸到你自己身上呢？

_____

_____

_____

_____

_____

關於自我照顧這件事，用你回應朋友的方式來回應你自己，可以是一種很有幫助的重新界定方法。這是把善待自己的概念融入日常生活的一種方法，你就能用健康的方式照顧你自己。

本章重點回顧

高敏感族的健康有可能起起伏伏，但抱持預防重於補救的觀念，是一種很有力的保健方式。睡眠、營養和運動，是健康的根本基石，把這些事視為優先重點，可讓高敏感族獲益良多。你在探索你健康需求的底線時，請記住以下這幾件事：

1. 優先注重睡眠，對短期和長期健康都是至關重要的。
2. 你攝取到體內的東西會有影響。
3. 運動對你生理上和心理上的健康都是好事一樁。
4. 大自然在很多方面對你都有益處。
5. 自我照顧不是自私，最終還能造福每個和你相處的人。

6

進一步整理自己

進一步整理自己，有可能令人卻步，而且可能很難，但非常值得。對許多高敏感族來說，有些過去的傷痛仍持續在一些不同層面一再被處理著。你活得越久，需要處理的經驗就越多，可能很快就令人招架不住。人也許會很想要懷抱一種希望，希望能夠修補某些人際關係，並希望你人生中的一些關鍵人物會回到你身邊來提供療癒。最困難的一個課題，有可能是學到你必須成為你自己的最佳父母、代言人，兼朋友。你將探索有哪些方式能接納痛苦的回憶，並在感恩和善待自己的前提下，從這些回憶中繼續成長茁壯。

療癒舊傷口

假如你有認識接受過心理治療的人，他們一定常常說：「治療好辛苦呀！」重新檢視過去的傷口、破碎的人際關係、種種不完美，和人生中的所有黑暗面，有可能非常累人。與此同時，這個做法又可能是找到健全運作方式和得以盡情享受人生的必經之道。

不妨把這件事比喻成骨折。假如當事人迅速治療這個傷口，就能把骨骼歸位，骨骼就能復元（這一定會需要時間）。一旦復元後，骨骼幾乎就能回復到原本的運作能力，有時候甚至還重新長得更強健。但要是你骨折了卻無法治療，會發生什麼事呢？你的身體會盡自己所能努力修復這根骨頭，你會發展出補救方法以維持某種程度的運作能力，而且骨頭會持續疼痛。你將會保護著傷口，不讓別人碰到，免得又勾起疼痛感，也怕傷勢可能會惡化。等到有人終於能著手治療這個傷口，他們可能必須把骨骼再次打斷才能加以治療，並幫助骨骼復元成一個比較能發揮功能的狀態。這整個過程是不可思議的痛苦。然後你必須經歷物理治療，重新學習如何運作。一旦復元後，你就能開始迎向個人成長和揮灑自我——一個令人興奮又費時的歷程。重新打開過去的情緒傷口，可能就是這種感覺：痛苦、緩慢，又艱難。這就是為什麼最好能有受過心理健康訓練的人員陪你一起走這段路程的原因之一。

心理分析師珍妮佛‧昆思特（Jennifer Kunst）醫師在她的《躺椅上的智慧》（Wisdom from the Couch）（2014）一書中，談到了心理治療過程中最常浮現的一些課題。她特別提到的主題包括不公平、成長、接納、生死、謙卑，以及其他主題，各有各美好和令人心碎的一面。高敏感族也一樣會遇到這些課題，但比起非高敏感族，高敏感族可能感觸更深，也需要更多時間來處理。整理這些課題，牽涉到處理大量的哀痛，並要放手，放下原本的期待、過去和現在不公平的事情，和「深

信你能改變別人」的執念。辛苦整理完了以後，便是打開一扇大門，通往深刻的美好、連結、希望，和人生的意義。

　　你放下你無法改變的事物，也放下對你進步和健康沒有幫助的自我批評以後，將會有空間騰出來，讓你填入新的想法和體驗。之前你的全副心思都用在消化過去的事件時，新的體驗有可能因此受阻而無法進來；在處理舊經驗和體驗新經驗二者之間取得平衡是很重要的。你很可能有很多尷尬窘迫的回憶，使你經常批評自己。這些批評式的反應，只要能推動你成長和學習，都是有助益的。一旦它們不再發揮這種功能，就該是時候轉個方向，加以調整了。善待自己、檢視並重新界定負面的思維，和練習感恩，這類的做法都很有幫助，向心理治療師尋求協助也是。

從善待自己的角度重寫你的故事

　　你對你自己敘述故事的方式，會形塑你所得到的經驗。假如你視自己為累贅，那麼只要一聽到有人對你說「不」，你就會用「我是個累贅」的有色眼光來解讀這件事。簡單來說，遣詞用字是有影響的。只要更改你的用詞，你就能開始改變你對關鍵事件的解讀方式。

請回想一下最近一個令你感到尷尬窘迫的事件：當時在場的人、環境脈絡、對話內容，和後續效應。給你自己大約五分鐘的時間坐下來好好回想。如果回想的過程令你無法忍受，歡迎你找個你喜歡的抒壓小物玩弄玩弄，或一面處理這段回憶一面去走一走，但請待在這段回憶裡。

請想一下你最喜歡哪個類型的虛構故事和說故事方式。你甚至自己就可能有個最喜歡的虛構影集。好，請你自己選擇一個喜歡的類型，然後換個主角，重寫你的故事。想一想，假如這主角有個更長遠的心靈成長故事，這個事件在這個故事中的用意會是什麼。

　　你八成使用了更溫柔、更寬容或更細膩的遣詞用字，來敘述這位虛構主角。不妨開始用類似的遣詞用字，來理解你自己的角色成長史和敘述口吻吧。

相關研究

　　關於壓力和心理創傷在生理上如何呈現，貝索・范德寇爾克（Bessel van der Kolk）（2014）和嘉柏・麥特（Gabor Maté）（2003）兩位醫師都提供了十分有助益的洞見和研究資料。這本書無法一一詳談關於這方面的所有科學研究，但簡單來說，你的情緒狀態和你的生理狀態是互有關聯的。這對一般人來說是常見的現象，不過高敏感族尤其容易受到這種事的影響。因此，對你身心有益的諮商治療包括談話治療，但並不只限於談話治療。身為心理治療師，我永遠都會推薦治療。把你的生理需求和情緒需求兩者都妥善加以照顧，是很有幫助的。以某種方式調理身體，搭配整頓心理的健康，對許多高敏感族都頗有助益，不過假如想把這兩種類型的資源都取得，有時所費不貲。

　　你應該已經發現，你壓力大的時候，可能會把緊繃的感覺累積在身體的一些不同部位。譬如，人常常把壓力累積在肩膀和頸部。肌肉頻繁地過度緊縮、頻繁或時時大量分泌壓力荷爾蒙（例如皮質醇和腎上腺素），或血壓升高，都是身體出現壓力跡象的一些例子。所以多多照顧你的身體，可以促進全身整體的療癒。一種常見的情形是，人被按摩時，腦海忽然浮現痛苦的回憶，或在身體釋放壓力後，人也跟著淚水潰堤。

　　肌肉骨骼療法（例如按摩療法、針灸、推拿整脊）包含了許多種治療方法，可隨著你的健康情形、個人喜好，和手邊方便性不同而有所不同。學界對肌肉骨骼療法效用的看法相當分歧，所以你事前最好先自己多做功課，並和醫師討論諮詢，以找出比較適合你嘗試的療法。你展開生理上和情緒上的療癒之旅後，可能會有個崩解的過程（一如先前比喻的讓骨骼重新接合），然後才能再改組重建起來。你感覺已準備好可重建自己的時候，接受物理治療、請教練指導，或加入運動社群，都很有助於讓你身體的狀態，從靜養復元轉變為盡情揮灑自己。

療癒之路上的阻礙

　　比起情緒治療，人往往比較容易接受生理治療，態度也比較體恤。利用生理傷口作為比喻，有助於重新界定情緒治療的歷程，和你可能尚未復癒的過去創傷。

　　假如你從前經歷過許多次的情緒「骨折」，有可能會一時不知道該從哪裡著手治療起。自我保護、恐懼和不堪負荷，都可能是你之所以先暫緩了你療癒之旅的原因。認識療癒之路上的阻礙，可幫助你在這趟旅程中，用意明確地邁出下一步。每個人的旅程都不盡相同，每個人在不同時期都將受惠於不同的療癒方式。

　　請用一點時間，回顧一下你整個人生，和需要療癒的傷口。把可能會有幫助的療癒方式都列出來吧。

例如：閱讀一本關於界線和互相拖累（codependency）的書

_____

_____

_____

_____

例如：開始進行心理治療

_____

_____

_____

_____

仔細看看所列出的這些方式，是什麼樣的阻礙，使你還沒開始進行其中一項或所有這些方式呢？

例如：我通常會看電視，而不會閱讀

例如：我工作太忙，很難固定撥出時間接受心理治療

例如：我經濟很拮据

請記得，想把所有這些方式一次統統做完是不切實際的，有沒有其中哪一個阻礙是你能先想辦法跨越的？你能不能到圖書館辦一張借書證，找一找能免費借

出的書籍？你能不能找看看有沒有提供遠端視訊服務的心理治療師？附近社區有沒有提供減免看診費用的診所？請考慮下個月選另一個阻礙來跨越，等你完成了一項有助益的療癒方式後，請考慮再回來看看所列出的這些方式，並再找一個方式來進行。

常見的挑戰

在童年時期受過傷的高敏感族往往很缺乏自信。高敏感族可能一再聽到一些類似的訊息，譬如他們這麼敏感是一種麻煩，和他們是人際關係中的問題所在。這有可能會導致一種不正確的觀念，讓高敏感族深信自己對現實的知覺是錯誤的，和高敏感族需要別人先認可他們，他們才能信任自己所感受到的事。

高敏感孩童會向照顧者尋求安撫、理解，和情緒收納，但不見得總能如願以償。小時候，你會經驗到許多陌生的感受（好比嬰兒感到飢餓）和情緒（例如你得不到想要的東西而感到挫折）。孩子會指望照顧者來幫助自己理解這些感受（即收納）。高敏感族渴望也需要照顧者在資訊處理上提供這種協助，少了這種協助，高敏感族所經驗到的情緒，有可能是一種令他們不堪負荷又複雜混亂的感覺。假如高敏感族沒能學到如何處理和收納自己的情緒，他們會開始從其他人際關係尋求這種處理。這麼一來，高敏感族有可能陷入互相拖累或被操控的處境。

高敏感族的另一種挑戰是模糊籠統的界線，這有可能造成高敏感族過度吸收了別人的情緒。人在觀察別人的行為或情緒時，會觸動自己的鏡像神經元發放衝動。由於你中樞神經系統的感官資訊處理量很大，你的鏡像神經元也是大量在發放衝動（Acevedo et al., 2014）。這表示你看到某人踢到腳趾頭時，你可能感覺自己腳趾頭也隱隱作痛。於是，周遭其他人的情緒，也可能在你內心引發這些情緒。你有可能因此成為別人眼中一位善解人意的優質朋友，但這樣也可能很難區分到底哪些情緒是屬於誰的。你經驗到很強烈的情緒時，不妨反覆確認一下，看看這些情緒究竟是從哪裡來的。

作自己的父母

　　這本書中的很多小練習都是在邀請你，用更溫柔關愛的方式對待你自己——基本上，就是像一位慈善和藹的家長那樣對待你自己，這位家長全心想支持你，且非常疼愛你，疼愛到想協助你成長茁壯。順著這個思維，你就能練習處理和收納情緒。

　　請用幾分鐘時間回想一下你兒時經歷過的強烈情緒。（處理創傷經驗最好有專業人士陪同，但很多高敏感族記憶鮮明的是強烈而非創傷性的情緒經驗。）請想像成年的你蹲下來，溫柔關愛地對兒時的你說話。用下列這些問題問問兒時的你，然後把兒時的你的答覆寫下來：

● 成年的你：在你開始不高興之前是什麼樣的情形？

　　兒時的你的答覆：

_____

_____

_____

● 成年的你：你感受到哪些情緒？請把你能想到的統統列出來。

　　兒時的你的答覆：

_____

_____

_____

- 成年的你：這個情緒的背後是否還有其他情緒？

  例如：憤怒的背後，通常是受傷或羞愧的感覺。

  兒時的你的答覆：

  _____

  _____

  _____

  _____

- 成年的你能用什麼方式幫助兒時的你了解發生了什麼事呢？請用富同理心且認可對方的方式回顧你記憶中的那些情緒，並用寬容善待的態度去理解兒時的你所感受到的事，然後寫下來。

  例如：我聽說你感到很生氣、尷尬又受傷，因為你的朋友們竟然嘲笑你。有時候，我們如果覺得受傷，會把怒氣一瞬間全部爆發在對方身上，因為我們不知道能如何表達自己。

  成年的你的答覆：

  _____

  _____

  _____

  _____

　　學習如何認可自己並收納你自己的情緒，並不是件容易的事。這是在情緒上變得越來越成熟的必經之途，假如這類活動讓你覺得特別吃力，不妨善用心理治療。

獨立表達自己的立場／獨當一面

學習在人際關係中建立界線時，其中一部分牽涉到表達自己的立場。「表達自己的立場」這件事，在高敏感族、內向的人，和善討好別人的人聽來，有可能令人心生畏懼。幸好，你可以先從你自己內在開始練習這個技巧，不用馬上就跳到人與人的相對脈絡中。

請回想一下最近這幾天，有哪一種東西是你這段時間內所需要的（例如食物、休息、運動）。在這裡把它寫下來：

_____

請想像你正在和某人聊天，想討論出五種能夠表達這項需求的方法。用不同程度的自信果決性、直接性，和迫切性，都試著表達看看吧。

1.

_____

_____

_____

2.

_____

_____

_____

3.

_____

_____

_____

4.

_____

_____

_____

5.

_____

_____

_____

　　請圈選出讓你感覺最自在的一種表達方式。下星期整週之內，每當你發現自己需要某個東西，請先把它辨認出來，然後以類似的方式，明確地把它向你自己表達出來。

　　學習辨識和表明自己的需求，是表達自己立場很重要的一環，而且你隨時隨地都可以和自己練習做這件事。譬如說，你下次覺得肚子餓時，請跟自己說：「我餓了。我需要吃點東西。」等你對這個小練習越來越熟練以後，請開始去除掉會貶抑你需求的一些說法，例如「我想我需要」、「或許最好能夠」，或任何為你的需求表達歉意的說法。

擁抱學習的過程

　　許多高敏感族對自己（和對別人）的標準很高。這有可能在你犯錯時，導致羞愧和尷尬的感覺，特別是有別人在場目睹的時候。你沒辦法十全十美，你也沒辦法事先知道你所不知道的事。請回想一下你以前犯的一些「錯誤」，並利用你學到的方法練習重新界定它們。替所學到的這一課加上一句感恩的話吧。

錯誤：我當著整個團隊的面，把上台報告搞砸了。

心得：我上台報告的當天早上最好少喝點咖啡，上台前也最好把報告內容再多複習幾遍。我很高興我現在知道這件事了，也很期待下次試試新的做法。

錯誤：

_____

_____

_____

心得：

_____

_____

_____

錯誤：

_____

_____

_____

心得：

_____

_____

_____

錯誤：

_____

_____

_____

心得：

_____

_____

_____

　　允許自己能夠不完美，並允許自己能活到老學到老，可以讓你有空間成長和善待自己。

感到羞愧，是犯錯時的一種常見反應，假如覺得羞愧能驅使你採納更好的行為（例如：我竟然大吼大叫亂罵了史黛西，我真慚愧；下次我想要用不同的方式回應），那麼它可以是一種有用的情緒。假如羞愧感和你身為一個人的價值，兩者被聯想在一起時（例如：我亂罵了史黛西，我對我自己這個人覺得很丟臉，我不配擁有好朋友），羞愧感就失去功用了。

管理自己和揮灑自己

聽聽你不常接觸之社群的故事，可以是培養同理心和學習從新的觀點思考世界的一種好方法。從慢性疾病社群可以吸取到的一個有益心得是，人完全可以為自己所失去的事物感到哀痛，並完全可以允許自己和別人有所不同。要特別說明的是，身為高敏感族並不是一種疾病，但這表示你在感官輸入和資訊處理上，確實有你獨特的需求。人類是群居動物，會渴望融入群體。從演化的觀點來看，融入群體有利於自己存活。但也別忘了，人類社會高度讚賞的人，是勇於走自己的路且不害怕和別人有所不同的人。會有某些時候，融入群體在工作上和社交上都有其重要功用，然而也會有某些時候，你必須擁抱你和別人間的差異。

開始療癒自己後，你可以從在高敏感特質中載浮載沉，漸漸轉變成在高敏感特質中揮灑自己。所謂載浮載沉的狀態是指，你過一天算一天，經常感到不堪負荷、心神耗盡，或疲憊透支。揮灑自己的狀態是指，你具備有效的應對策略、正在時時成長和進步，而且絕大多數的時候都以最佳的狀態在運作。你能盡情揮灑自己的時候，你和你自己的關係是健康而良好的，充滿了讚賞、溫暖，和成長的動力。透過閱讀這本書，你已經展開了邁向揮灑自己的旅程。別就此打住喔。繼續認識你自己，並探索你重視、樂在其中、喜歡、不喜歡，和需要的事物吧。

培養讚賞的態度

有時候，你比較容易從別人身上看到你所喜歡的特質，然後才看到自己身上也具有這項特質。人在評估別人時，往往比在評估自己時要友善很多。所以你自己

身上可能被你視為社交缺點的部分，在別人身上看起來卻像社交強項。以下你將會先辨識出別人身上你所讚賞的特質，然後把那目光聚焦回你自己身上。請想一想你所欣賞的人，然後找出他們身上的差異對他們自己有利的至少一種方式。

你所欣賞的人	有利的差異
瑞典環保少女格蕾塔・童貝里（Greta Thunberg）和澳洲喜劇演員漢娜・蓋茲比（Hannah Gadsby）	兩人都患有自閉症，卻都認為拜自閉症之賜，自己才有能力發表成功的公開演說和為理念發聲

請想出身為高敏感族讓你覺得你和同儕有所不同的一個層面（社交上、家庭上、工作上、教育上等等）。

身為高敏感族讓我覺得我在這個方面有所不同：

_____

_____

_____

_____

_____

你對這項差異有什麼感覺？

_____

_____

_____

_____

_____

你曾經嘗試用什麼方法降低或避免這項差異？

_____

_____

_____

_____

要是你接納並擁抱這項差異，會發生什麼事？

_____

_____

_____

_____

假如你拋開這種擔憂，能把這些資源改運用到哪些其他地方呢？

_____

_____

_____

_____

　　開始從有利差異的角度看待這個世界，可騰出空間讓你珍惜多元性，包括你自己的多元性。你的差異讓你變得獨一無二；差異是讓你脫穎而出的原因。你如何解讀這件事，究竟視它為障礙還是天賦，會帶來很大的差別。

靈性成長

　　高敏感族通常和大自然、信仰，和靈性成長相關事物比較契合，也比較受這些事物的影響。依隨你文化背景、過去自身對宗教團體的經驗，和你自身過去經驗喜好的不同，這種敏感性有可能以很多種形式呈現。高敏感族的所有過去經驗，都

有可能既是很深的傷害，同時又是極大的滋養，而信仰這件事也不例外。

信仰。目前暫無研究探討靈性成長／信仰和高敏感族二者之間的關聯性；不過，經常有高敏感族私下談到，信仰是自己身心健康非常重要的一環。既然已經知道高敏感族的中樞神經系統經常過度活躍、練習正念能讓中樞神經系統平靜下來，而且有研究發現練習正念對情緒性疾患是有助益的（Khusid and Vythilingam, 2016），那麼這樣就有點說得通了。

許多信仰和靈性修行都納入了某種類型的靜思和正念，經常是以禱念、誦經或吟唱的形式呈現。如此一來，靈性修行經常有助於中樞神經系統平靜下來。瑜伽這類的活動有可能特別有吸引力，因為結合了靈性修行和身體運動。在你的生活中騰出空間進行能滋養你的靈性修行，對你的身、心、靈都是有助益的。

大自然。許多高敏感族認為大自然也屬於自己靈性修行的一部分。高敏感族可能會說出「我覺得到野外露營，是我最親近上帝的時刻」或「我在海邊坐下來的時候，覺得自己和全體人類的連結感更強了」這類的話。和正念很類似的是，研究發現，接觸大自然能改善情緒性疾患和整體的身心健康（Pearson and Craig, 2014）。這可能和身處在大自然中時，感官輸入的資訊量降低了有關，而這樣對高敏感族有舒緩作用。大自然常常也意味著較少盯著螢幕看、空氣品質更好，並可接觸到多種不同的有益細菌。有寵物作伴也可以是一種和大自然連結的方式。

盤點一下靈性成長

　　許多高敏感族知道自己從小長大的靈性成長背景是什麼，卻說不太出長大後覺得哪種靈修方式讓自己最自在。靈修方式通常對你內在經驗的影響要越小越好。與其苦思你該用哪種靈修方式，不如來用一點時間想想你是如何和靈性連結吧。

● 你感到喪氣的時候，都是從哪裡汲取希望和力量？

_____

_____

_____

_____

_____

_____

● 什麼能為你帶來平靜和舒適的感覺？

_____

_____

_____

_____

● 什麼能讓你有意義感和目的感？

_____

_____

_____

● 你在私下是如何和這些事物連結？

_____

_____

_____

● 你在公開場合是如何和這些事物連結？

_____

_____

_____

● 什麼是你從童年時期就一路守到現在的？

_____

_____

_____

● 你對你從小到大被教導的信念體系，做了什麼調整或改變？

_____

_____

_____

_____

　　了解你是如何經驗靈性成長這件事，能幫助你在你所奉行的信仰架構內，連結到一些體驗，並讓這些體驗發揮最大效用。這也能幫助你在就算可能找不太到「正確的靈修方式」時，也能連結到這項資源。

實地走訪

　　這個小練習需要稍微出門一下，因為這是在邀請你和大自然連結。如果你行動不便或不容易去到野外，你可以試試到鄰近的公園走走，或觀看一段大自然影片。這裡並沒有空白的書寫處來鼓勵你和四周的風景連結。請利用這些問題當作促進你內在體驗的引子。

　　請先深呼吸幾次，把氣吸到丹田，感覺到自己腹部升起又降下。把新鮮空氣吸進來，覺察一下四周有沒有什麼自然的氣味。

　　請閉上雙眼，聽一聽你四周的自然聲音。你覺察到什麼聲音，是平常忙碌生活中你可能會充耳不聞的？請用幾分鐘的時間細細傾聽。

把你的注意力放到你靈性連結和希望的來源上。從你的信念系統中，想出一個字眼或短句，作為接下來幾分鐘內的專注內容。

每次吸氣，都請複誦這個字眼或短句。讓它滲入你的思緒、呼吸，和你對四周大自然的體驗。過程中，你雙眼可以睜開或閉起來，只要有助於你專注和與大自然連結都好。

結束時，請為這段放慢、靜下心來沉思的時間，說一句感恩的話（禱告、心意、經文——只要你覺得合適的都好）。這星期接下來的時間，都請把這個字眼或這句話守在心中。

連結到大自然和你外在的事物，可帶來踏實或回歸中心的感覺，對高敏感族尤其是如此。

辨識我的需求

但願在閱讀這本書的過程中，你越來越了解自己了。有了要擁抱你的差異和要善待你自己之需求的觀念以後，開始想想你有哪些需求吧。把感官需求和情緒需求從「非必要」類別改移至「必要」類別以後，高敏感族往往會開始以不同方式對待這些需求了。就像你可能有需要天天服用的藥物（譬如抗組織胺藥物）和緊急狀況服用的藥物（譬如呼吸擴張劑），生活中也有某些調整做法，是需要天天進行以維持最佳的運作狀態，或用來因應突如其來的刺激。就像藥物一樣，你可能會偶爾少服用「一劑」，而這可能是為了完成某件你很重視的事（例如很晚才睡而且你已經知道自己接下來幾天會比較疲倦）或某種無法避免的事（例如旅遊），但為求良好的效果，還是盡可能遵循你的守則吧。

理解需求

　　回想一下在這本書中讀到的各個主題,請用一點時間找出三種有幫助的守則或做法,讓你在以下領域的運作變得更優質。這些守則或做法有可能會隨時間而改變。這樣很好——表示你持續在成長和改變。其中一些守則或做法有可能很理想化,所以假如無法如願達成時,請用寬容的態度善待你自己和別人。接下來就開始敘述描繪你的需求吧。

環境上的需求(請把五種感官都列入考量):

1.

2.

3.

4.

5.

在社交場合如果想自在投入，我有哪些需求？

1.

2.

3.

交談起衝突時，如果想修復彼此關係，我有哪些需求？

1.

2.

3.

如果想在戀愛關係中有安全感，我有哪些需求？

1.

2.

3.

和家人相處時，如果我想展現出自己最好的一面，我有哪些需求？

1.

2.

3.

如果想在工作上有最佳表現，我有哪些需求？

1.

2.

3.

我在健康上的需求：

1. 必備的營養逸品：

_____

_____

2. 妨礙健康的食品：

_____

_____

3. 養生的運動：

_____

_____

4. 睡眠量：

_____

_____

5.

_____

_____

覺得自己受到過度刺激時，我的終極大絕招：

1. 在家裡：

_____

_____

2. 在工作時：

_____

_____

3. 在社交場合：

_____

_____

4.

_____

_____

5.

_____

_____

　　請把以上內容留存起來當作你的需求備忘錄。每當你有所成長了、境遇變化了，或你更了解自己的需求了，就把內容更新一下吧。

─────── **本章重點回顧** ───────

深度工作力（deep work）一詞有時可能語意較模糊也容易混淆。請記住，所有偉大的成就，都是一步一腳印漸進完成的。本章只是剛開始輕觸深度工作力的表面而已。只要對你有幫助，歡迎隨時回來重做這些小練習，在療癒的過程中，只要有需要，也請隨時尋求協助。在這本書末尾，列出了一系列資源，在邁向圓滿時尤其有助益。請記住：

1. 療癒是個痛苦而困難的過程，需要時間，而且很少能在孤立的情況下完成。請給你自己空間來經歷這個過程，並慎選陪伴你的人。

2. 擁抱你的差異，將為你開啟通往自由、成長和體驗的全新大門。

3. 投資在你自己身上的時間、精力和金錢，都是很值得的。這會讓你成為一個更好的朋友、伴侶、職人、家人等等。

致謝

首先最要感謝的是班恩，不論我寫過什麼文章，他總是我的第一個編輯，也是最支持我的啦啦隊。我每天都認為自己很幸運。言語無法表達我有多麼感謝你。

謝謝我生命中的許多位女強人，她們讓這個構想得以實現，貢獻了各自的專長和智慧：麗姿、凱蒂、馨恩、蕾芭、愛德莉安、蒂芬妮、克拉拉、葛蕾絲、史蒂芬妮、艾絲特、愛莉克絲，和愛咪。妳們每個人一直支持著我和我的事業，能夠認識妳們每一個人，讓我覺得很幸福。

我的事業是建立在我精神導師們的肩膀上，他們都曾推我向前，在不同時候提攜過我，一路走到現在這裡。謝謝你，瑪利、安妮、李、瑪麗亞，和凱文。

倘若沒有我醫療團隊持續的支持，讓我的Zebra body維持正常運作，我不可能寫得出這本書。如果是在幾個月以前，我一定不相信這本書真能寫得出來，但你們鍥而不捨的努力，讓我得以繼續追求我所熱愛的事情。謝謝你們每個人。

謝謝我的病患們——能陪伴你們在人生中走一程，是我的榮幸。你們比你們自己想像中更堅強且更厲害。

最後，謝謝我在Callisto的團隊，讓這個構想和我的作者夢終於成真。特別感謝凡妮莎・塔和派崔克・卡斯川茲。沒有你們所有人在幕後努力催生，這本書不可能問世。

延伸資源

書籍

《高敏感族自在心法：你並不孤獨，只是與眾不同》，作者為伊蓮·艾融（Elaine N. Aron）博士。這是關於高敏感族很棒的入門書籍，艾融博士在書中深入淺出帶讀者認識高敏感特質。

《躺椅上的智慧》（Wisdom from the Couch: Knowing and Growing Yourself from the Inside Out），作者為珍妮佛·昆思特（Jennifer Kunst）博士。昆思特博士在書中以揭開心理治療神祕面貌的方式，談到一般人常見的經驗和心理治療的旅程。昆思特博士還談到許多高敏感族經常在反芻和處理的一些人生中更深度的處理過程，因此在任何高敏感的旅程上，這本書都是一本陪伴的良書。

《安靜，就是力量：內向者如何發揮積極的力量》，作者是蘇珊·坎恩（Susan Cain）。作者在書中所談到的許多內向者細微特質，都和高敏感族的經驗相呼應。由於高敏感族大多數為內向者，因此可以藉由此書更認識這兩種特質之間的關聯性。

副交感神經系統的輔助工具

Insight Timer。這是個靜思冥想的app應用程式，內有非常大量的免費靜思冥想引導影音素材。這個app所提供的內容，有非常多種不同的時間長度、風格類型和語言。

HeartMath。這是個生理反饋的工具，能協助你認識呼吸對心臟的影響，並教你如何主動鍛鍊自己的副交感神經系統。註冊這個app一開始須繳一次費用，之後就能免費持續使用。

DoYogaWithMe.com。這是個很大的瑜伽影音資料庫，內容涵蓋了各種時間長度、風格類型和難易度。如果你在經費上或資源上有所受限，從這個網站可以更容易取得優質的瑜伽教學。

網站

Hsperson.com。這是伊蓮·艾融博士的網站，介紹了更多高敏感相關書籍、網站、影音素材和專業內容。網站內並有擅長高敏感族治療且嫻熟高敏感特質的成長教練、心理治療師，和心理專業人員的名冊。

【讀者心得迴響】雖然敏感但沒關係

帶領我們更進一步認識自己

高敏感族在閱讀時非常辛苦,除了聲音讓自己分心,還因自己容易聯想,每讀完一頁都耗時許久。書中提到對高敏感人有挑戰性的項目例如擁擠的環境,心有戚戚焉。而其他項目是自己一直沒有去察覺的。此書可以帶領高敏感人更進一步認識自己。

——讀者／嗶扣

提升滿意度和快樂指數,不再掉入糾結中……

高敏感人的五感(眼、耳、鼻、舌、身)都特別地敏銳,透過本書的引導,讓我們在工作、人際、家庭、健康,能假設各種情境,選擇出最適合自己的方式,生活滿意度和快樂指數大大提升,不會再掉入早知道應該這麼做／說的糾結中……

——讀者／Shelly Lin

檢視生活、降低刺激,高敏感族也能活得自在愜意

很高興能接到邀請,試讀了新書《你可以敏感,但不要被敏感控制:在生活中找到駕馭自己,增加能力的高敏感族練習題》。

首先,必須說,作者對於高敏感族的所有論述(不管是小細節或者是大方向的觀察)都「好準」!身為高敏感族的一員,在閱讀的過程中,一直保持在點頭如搗蒜的狀態,對於作者的觀察能力深感佩服!

其中有一個篇章是〈高敏感族與每天的生活〉,其實就是強調了高敏感族最

重視的「儀式感」與「進入心流狀態」。龜毛又重視細節的高敏感族，通常很在意也很害怕生活中的變動，所以每天在生活當中所發生的所有流程，若能以固定且規律的「儀式感」作為「過渡」，引導自己進入正常的生活流程，將可以為高敏感族的生活增加緩衝，並減少焦慮。

重新設定自己的生活

以我自己的例子來說，我屬於夜貓族，就算是刻意安排早睡，若日常裡安排的事情沒有完成，也無法成功入睡。所以我通常會在睡前有個儀式：沖澡或泡個舒服的澡，然後洗完頭之後把頭吹的熱熱溫溫的，再把吹頭後掉落在地上的頭髮掃乾淨，之後才能安心地入睡。

每天睡醒時，我也不喜歡鬧鐘一響就馬上跳起來的感受（這點，書中也有提到鬧鐘這個干擾源）。我的貓，似乎也是高敏感族！牠察覺到了早晨時鬧鐘鈴響對我的情緒有很大的干擾，於是，牠會在鬧鐘快要響起的前二十分鐘（是的！貓似乎是有超能力，可以預先感知到預設鬧鐘即將響的時間點）就過來叫醒我。貓咪叫醒我的方式比較屬於是「漸進式的」，牠會先舔我的臉、不停地小聲喵喵叫、在我身旁焦躁地走來走去。若此時，在牠已經努力地重複試了以上的步驟之後，我仍然不起床的話……牠就會用終極法寶——把桌上的小物品用牠的長尾巴用力一掃，我就會被迫要起床來收拾掉落在地上的殘局。（當然，最後這一招殺手鐧千萬不要逼貓咪出手，不然會讓高敏感族更加地焦慮。）

書中提到了一個細節，讓我回想起大學在美國念書時住宿舍的場景。高敏感族十分無法忍受高音量與密集的社交場合，而當時的我並不知道自己屬於高敏感族，只知道每次參加了嘈雜的派對活動之後，總是虛脫並疲憊不堪，得花很多時間獨處並靜養（躺著什麼都不做、搞自閉、搞孤僻地窩在房間裡看連續劇、叫外賣到宿舍裡讓自己大吃大喝……），有時甚至得花一兩天的時間才能平復！（所以，若是派對隔天是上課日，我一定會請假或蹺課。）

檢視生活中的「敏感源」

我覺得這本書的好處是，這是一本習作書，裡頭安排了一些練習題，提供高敏感族檢視自己的生活習慣，從練習題裡觀察自己的生活裡是否需要重新設定不同的方式讓自己「減敏」。

像是「評估刺激程度」的練習題裡，就可以找出對自己有影響的「刺激來源」，但同時也找出「我喜歡的事物」與「我不喜歡的事物」。舉例來說，在這個選項中，我的刺激來源是咖啡因與茶鹼，只要我喝了咖啡或是任何有茶鹼的茶類，都會讓我難以入睡，並且產生注意力不集中的狀況。我的生活飲食裡，就會刻意地避開這類的飲品。而我喜歡天然花草的香氣，所以我會以天然有機的花草茶成為安撫自己在緊張焦慮時的選擇。

另外一個例子是，我不喜歡突如其來的事件。比方說：沒有約好時間的親朋好友臨時造訪，而這樣的狀況就是我的「刺激來源」。我的解決方式是，明白且清楚地先跟朋友們「打預防針」，讓他們知道要拜訪我之前一定要先知會我，並且跟我約好時間，不然的話，會造成我的生活節奏大亂。

這本書的好處是，作者想出了許多好方法幫高敏感族群「解套」，文中許多建議都值得一試。對我個人而言，最有幫助的是「檢視」生活中的「過敏源」，讓自己不被周遭過度下載的干擾與刺激影響。書裡提供了一個濃縮版的高敏感族檢測量表，從簡單的句子裡勾選出自身的狀況，由勾選的多寡，初步判斷自己是否屬於高敏感族（我個人做過詳細的高敏感族檢測版本，結果發現自己竟是高敏感族之最啊！分數竟直逼滿分，實屬重度高敏感）。

而結合了測驗與書中的內容，幫助了我用接納的眼光看待自己。英國古諺：「Go with the flow.」意思就是說，順其自然，以最輕鬆不費力的方式順著生命的流，接納凡事都是最好的安排。我也把這句古諺送給所有跟我一樣有著高敏特質的你／妳，尊重生命的安排，也尊重自己的步調。只有在自己舒服的狀態之下，生命才會走得輕鬆自在。

——讀者／**劉貞伶**

Creative 157

你可以敏感，但不要被敏感控制
在生活中找到駕馭自己，
增加能力的高敏感族練習題

作　　者｜愛曼達・卡熙兒博士
譯　　者｜梁若瑜

出 版 者｜大田出版有限公司
台北市一〇四四五 中山北路二段二十六巷二號二樓
E - m a i l｜titan@morningstar.com.tw　http://www.titan3.com.tw
編輯部專線｜（02）2562-1383　傳真：（02）2581-8761
【如果您對本書或本出版公司有任何意見，歡迎來電】

總 編 輯｜莊培園
副總編輯｜蔡鳳儀
行政編輯｜鄭鈺澐
校　　對｜金文蕙／黃素芬
美術設計｜王瓊瑤

初　　刷｜二〇二一年四月一日　定價：四二〇元
三　　刷｜二〇二三年二月十七日
購書 E-mail｜service@morningstar.com.tw
網路書店｜http://www.morningstar.com.tw（晨星網路書店）
讀者專線｜04-23595819 # 212
郵政劃撥｜15060393（知己圖書股份有限公司）
印　　刷｜上好印刷股份有限公司
國際書碼｜978-986-179-622-2　CIP：173.73/110000630

填回函雙重禮
① 立即送購書優惠
② 抽獎小禮物

國家圖書館出版品預行編目資料

你可以敏感，但不要被敏感控制：在生活中找到
駕馭自己，增加能力的高敏感族練習題
愛曼達・卡熙兒博士著．梁若瑜譯
臺北市：大田，民110.04
面；公分. --（Creative；157）

ISBN 978-986-179-622-2（平裝）

173.73　　　　　　　　　　　　　　110000630